МОМЧИЛО – МОША ТОДОРОВИЋ

ХИПНОЗА ЗА СВАКОГА

Десето, допуњено издање

ПРОСВЕТА
2008.

Библиотека
Посебна издања
ХИПНОС

Рецензенти

Академик проф. др Владета Јеротић
Проф. др мед. сци. Првослав Марковић
Академик проф. др Никола Милошевић

Ову књигу посвећујем унуцима
Михајлу и Димитрију

ПРЕДГОВОР АУТОРА

*Књига је заснована, пре свега, на искуству и прак-
тичном раду самог аутора, који се дуго бавио хипнозом,
али и на многим чињеницама о хипнози из прошлости и
садашњости, о којој постоји доста литературе, наро-
чито на страним језицима. Овде су ти подаци, укљу-
чујући и оне који се односе на савремена медицинска и
експериментална достигнућа хипнозе, систематизова-
ни и сажето дати у популарној форми како би свакоме
били приступачни.*

*Морам посебно да напоменем да је поглавље о при-
мени хипнозе у медицини и психологији такође засно-
вано на најновијим чињеницама из литературе или из
праксе, али ова сазнања свакако нису довољна и могу
само да заинтересују психологе и лекаре да почну да из-
учавају и примењују хипнозу. Иначе, сама чињеница да,
ево, сада излази и десето издање ове књиге, прошире-
но и допуњено — посебно у одељцима примене хипнозе у
медицини и психологији — показује велику заинтересова-
ност шире публике за ову проблематику.*

ОД МАГИЈЕ ДО НАУКЕ

Мало је појава у људској историји које су толико дуго биле обавијене велом мистерије као што је то случај с хипнозом. Истина је да су све науке почињале магијом, сујеверјем и предрасудама, али је хипноза и остајала у том домену не ослободивши се ни данас у потпуности шарлатанства, апсурдности и несхватања.

У ствари, феномен хипнозе је несумњиво био познат веома давно.Мада о томе постоје оскудни историјски подаци, сигурно је да су поједине религијске племенске вође познавале тајне сугестије и хипнозе, иначе се не би могао објаснити њихов висок ауторитет и страхопоштовање које су према њима исказивали припадници племена. Тако је било у древном Мисиру, Месопотамији, Индији и Кини. Посебно је занимљив, рецимо, познати мит о Ескулапу, који је болеснике лечио тиме што је, уз давање лекова, шапутао тајанствене речи или стихове. На острву Ескулап римски робовласници су остављали своје болесне робове јер се веровало у благотворну моћ острва, а што је најинтересантније – знатан број се и враћао исцељен. У религијским књигама, јеврејском Талмуду и хришћанској Библији, постоје алузије о коришћењу технике хипнотизирања. Тако је Мојсије, наводно, чаробним штапићем отворио пут преко Црвеног мора и хранио своје саплеменике Божјом маном!

Испитивања америчких научника наводе на претпоставке да су врачеви најкултурнијих црвенокожаца Инка и Астека такође познавали извесне тајне хипнозе. Тако, може се рећи да су у свим људским заједницама још од памтивека били познати и коришћени феномени хипнозе било у религијске сврхе, било у сврхе лечења оболелих. Сачувани су подаци да је човек под хипнозом, негде на Далеком истоку, давао одговоре на питања свештеника, чиме је фасцинирао масу људи. Свештеници су овакве одговоре хипнотисаних представљали као божје наредбе. Уопште је она позната моћ појединих родовско-племенских ауторитета необјашњива само социолошким и социјално-психолошким чиниоцима, будући да никад касније у класном друштву људи на високој друштвеној лествици нису уживали такав интимни респект и истинско поштовање својих сународника како је то био случај са истакнутим личностима предцивилизације.

Хипноза је посебно практикована у Индији. Јогији, су, на пример, са одређеним религиозним циљем изазивали код себе стање слично полусну. То су постизали тако што су фиксирали погледом неки мали бљештави или удаљен предмет све док им очи не засузе. Или би савили леву ногу и приљубили је уз бедро десне ноге, а десну ногу уз бедро леве ноге и при том рукама ухватили палчеве на ногама, а браду притискивали на срце и гледали у врх носа све док им се не помути свест.

Чувени факири су, такође, снагом своје чудесне воље долазили до запањујућих резултата. Они су држали једну руку подигнуту и непомичну све док се не би „осушила“ после чега није могла да извршава ниједну функцију. То су постизали аутохипнозом.

У Средњем веку, поједини владари у Енглеској и Француској исцељивали су људе својим „краљевским додиром", при чему су обично говорили „Нека ти бог да боље здравље и здрав разум". У то време се појавила и тзв. мегнетно-флуидна теорија, која се нарочито развила крајем XVIII века. Тада се појављује једна од најзначајнијих личности у историји хипнозе – аустријски лекар Франц Месмер, рођен 1733. године.

Син сиромашних родитеља, млади Месмер се у 15. години уписује у монашку школу, али се убрзо побуни против цркве, напушта учење и прелази на студије права, које такође напушта уписујући се на медицину. У својој 32. години завршава студије медицине бранећи дисертацију „О утицају планета на људско тело". Тако је формирао своју посебну теорију о „анималном магнетизму"* покушавајући да лечи људе магнетним флуидом, који се, по њему, преносио лаганим трљањем болесника по читавом телу.

Али, са тим за њега настају непријатности и сукоби са присталицама ортодоксне медицине, па му убрзо забрањују и рад у Бечу. Да би обезбедио материјална средства за своје експерименте, жени се богатом удовицом, дванаест година старијом од себе, одлази у Париз, где покушава да окупи своје ученике. Убрзо му и ту забрањују рад. Исто му се дешава и у Лондону, где му Краљевско друштво забрањује да се бави лекарском праксом, чиме се и завршава његова каријера као лекара.

У Паризу, Месмер је држао салон на тргу Вандом, у ком је имао запрепашћујући успех. Вешто је режирао своје сеансе да би код муштерија, помодара, изазвао по-

---

* Животињски магнетизам

Др Франц Антон Месмер, први истраживач хипнозе на
научној основи

годно душевно стање. Посадио би их поред дрвене каде пуне гвоздених жица и намагнетисаних боца. Музика која уводи у транс, навучене завесе и сам учитељ који около корача замраченим салоном у везаном огртачу, подизале су напон ове харизматичне атмосфере.

Хватајући гвоздене шипке потопљене у кади, пацијент или муштерије послушно су се тресли, падали у транс, а понекад би их требало одвести у посебне тапациране просторије где би долазило до још јачих грчева. По неким повољнијим извештајима, понекад би се, чак и излечили од болести. Месмер је прво узео термин животињски магнетизам, уверен да је то у основи физички процес.

Француска краљевска комисија испитала је Месмерове тврдње 1784. Већина чланова комисије, међу којима су били и Бенџамин Франклин и француски хемичар Лавоазије, сложила се да то што се догађа може потпуно да се објасни као резултат пацијентове маште. Другим речима, док год је пацијент заинтересован за драматичне резултате, очекивања су довољна да их изазову. Није постојала потреба да се у помоћ позива магнетни флуид. Месмер је, иначе, био један од најкултурнијих људи свога доба, познат у Бечу и у читавој Европи. Био је велики пропагатор и заштитник Моцарта и његове музике и велики композитор му се за то меценство реваншираo овековечивши га у либрету своје чувене опере „Cosi fai tutti" (Тако чине све).

Крајем XVIII века нашироко се расправљало о медицинској моћи МАШТЕ. Ово је 1880. године довело до још једне медицинске лудости. Али, неколико година раније, Американац Бенџамин Перкин изумео је нову методу помоћу металних клешта коју је назвао ТРАК-

ТОР. Тврдио је да магнетно поље које остварују клешта извлачи болест из екстремитета и враћа пацијенту покретљивост без бола. Један лекар из Вест Кантрија, по имену Џен Хејгет, био је уверен да је то још један пример маште на делу. Да би доказао ову тврдњу, направио је дрвена клешта и обојио их оловом. Тако им је дао металии сјај и као што је предвидео – пацијенту пуном вере обично је бивало боље. Слично Месмеру, и он је много полагао на понашање лекара. У својим списима подвлачи да је необично важно да лице за време експеримента буде безизразно. Ишао је чак тако далеко да је махао штоперицом како би доказао пацијенту да се догађа нешто веома важно.

ПРВА ХИПНОЗА

Премда Месмер није никада употребио реч „хипно-за", њега многи сматрају оцем хипнотизма, па је читава та појава дуго називана „месмеризмом". Његови учени-ци су наставили са експериментима, па је један његов ученик – маркиз Пијсегир – успео случајно да изазове прво хипнотичко стање, које је назвао „вештачки сом-намбулизам"*. Стефан Цвајг је то дивно описао у свом есеју „Медицина и психа". Наиме, Пијсегир је, поку-шавајући да излечи младог чобанина Виктора, одједном приметио да је дечко, уместо да реагује на његове „маг-нетне додире" тиме што ће се избезумити, осетио замор и заспао усред миловања. Било је то понашање потпуно супротно тврђењу да се болесник мора узбудити и па-сти у хистерију.

Узалуд је маркиз покушавао да пробуди дечака. Виктор није реаговао ни на његову вику, ни дрмусања. Једноставно је спавао потпуно другим, неким ненор-малним сном. И гле чуда: кад му је наредио да устане, младић се одиста дигао и учинио неколико корака са затвореним очима. И тако, затворених очију Виктор се

---

* Сомнамбулизам-месечарство, „ходање у сну". Овај термин се и данас употребљава да би означио најдубљи стадијум хипнозе.

понашао као човек који влада својим осећањима, послушно извршавајући оно што му маркиз каже. Пробуђен најзад, чобанин се ничега није сећао од онога што је доживео за време овог чудесног сна.

Била је то, у ствари, прва хипноза коју је један човек изазвао над другим и отада почиње интензивније изучавање ове појаве, па „месмеризам" почиње да се практикује широм света. Појављују се теорије о „биомагнетизму", „зоомагнетизму", терапијском магнетизму" итд.

За историју хипнозе значајна је појава индијског монаха Фарија, који је 1815. године извео у Паризу јавну егзибицију опчинивши 5.000 људи без уобичајених манипулација. Он је показао да излечење пацијената не зависи ни од каквог флуида или „магнетизма", него од саме маште пацијента, од његовог очекивања и сарадње, односно показао је да обичан човек може снагом своје воље и маште да утиче на другог човека, или на масу људи која је вољна да сарађује.

Убрзо после тога, шкотски хирург Џемс Брејд учинио је први научни покушај објашњавања феномена хипнозе. Упознавши хипнотизам дугим проучавањем, Брејд се појавио са делом „Неурохипнологија", којим је до краја побио теорију флуида и магнета. Брејд је практично отац данашњег назива „хипноза"*, којим је заменио стари назив „анимални магнетизам". Он је први почео да користи хипнозу код хируршких захвата, а такође и у другим сферама медицине (код епилепсије, главобоље, неурозе). Његова је велика заслуга што је први

---

* Брејд је, у ствари, несрећно узео термин „хипноза" од грчке речи „Hypnozis" која значи „сан" па се тако тај израз убрзо одомаћио и свуда усвојио за ову појаву иако није адекватан у потпуности пошто хипноза није сасвим идентична сну.

објаснио да је хипноза посебно стање нервног система, при коме је човек нарочито подложан сугестији.

Али, Брејд је имао и идеалистичке концепције. Он је, рецимо, веровао да се путем хипнозе може разговарати са душама умрлих, да се могу исказати туђе мисли и сл.

Негде крајем седамдесетих година XIX столећа формирају се два основна схватања о суштини хипнозе. Протагонисти „париске школе" везују хипнозу за патологију. Они тврде да је хипноза ненормално стање које као баласт оптерећује нервни систем. Представници, пак, „нансијске школе" исувише поједностављују појаву хипнозе. По њима, хипноза се своди на голу сугестију. Човек је, наводно, склон да падне под сугестију средине и као такав представља погодан објект за хипнозу. Онај, пак, који не жели да буде хипнотисан, никада не може послужити као медијум. Овој школи припадају велики пропагатори хипнозе као психотерапије Лиебо и Бернхајм, који су лечили 12.000 пацијената! То су први новатори модерне психологије, који су сматрали да је хипноза функција нормалног понашања и увели појам сугестије и сугестибилности. Тиме су побили погрешно гледање чувеног париског неуролога Шаркоа, који је сматрао да је хипноза форма хистерије и да је због тога опасна.

У исто време је Сигмунд Фројд, најпре с Бројером, па у Паризу код Саркоа, а затим у Нансију, покушао да користи хипнозу у сврхе лечења неуротичара, али је убрзо напустио тај метод, увидевши да не може сваког пацијента да хипнотише. Међутим касније, 1919. године, сам Фројд је једном напоменуо да ће, уколико се жели да психотерапија икада постане широко приступачна јавности, бити неопходан повратак хипнотизму ради њеног скраћивања.

Нансијска школа је, без сумње, дала рационалније тумачење саме појаве. Но, она је непотпуно објашњавала хипнозу сводећи све на сугестију и не признајући ништа више од тога. И мада се париски конгрес медицинара 1889. године изјаснио за концепцију пониклу у француском граду Нансију, и ова школа, којој се иначе може највише дуговати за материјалистичко решавање једне заиста комплексне појаве, подвргнута је касније критици.

Да је хипноза комплекснији феномен него што су то Лиебо, Бернхајм и њихови ученици мислили, показују случајеви хипнотисања тамо где сугестија није послужила као основ или где је уопште није било. Познати руски дресер животиња Дуров вршио је крајем прошлог века хипнозу на животињама и имао добре резултате. Своје тајне славни укротитељ је саопштио чувеном књижевнику Чехову, иначе лекару по професији, који је, такође, успешно правио мале експерименте са псима.

Руска литература признаје, као првог истраживача хипнозе на научној бази, професора В. Даниловског, физиолога из Харкова који је оповргао тврђење представника нансијске школе да не постоји хипноза него само сугестија. И он је вршио многе експерименте са животињама и тако дошао до резултата. Његов је закључак да човек може имати моћ хипнозе у односу на животиње због страха код животиња. Сматрао је да је по линији страха, човек, као и животиња, погодан медијум. Крајем 70-их година прошлог века, Даниловски се појавио са теоријом да је хипноза генетички једнородна код животиња и код човека.

Дело московског психијатра Токарског „Хипнотизам и сугестија" порушило је темеље на којима су почивали постулати париске школе. Негирајући да је хипнотизам у домену патологије, он је у филозофској интерпретацији дао материјалистичко објашњење бити појаве хипнозе.

Допринос решењу појма и суштине хипнозе дало је више руских научника. Члан Совјетске академије наука, чувени физиолог и психолог Бехтјерев је, поред многих чланака и научних радова, публиковао књигу „Хипноза, сугестија и психотерапија и њихово дејство на лечење", у којој је дао своје главне концепције. Он је подвргао оштрој критици схватања представника париске и нансијске школе. По њему, хипноза је нарочито стање вештачког сна, које се изазива како помоћу физичких, тако и помоћу психичких фактора. Значи, не само непосредним деловањем на нервни систем већ и путем вербалне сугестије.

ПОВЕЋАНО ИНТЕРЕСОВАЊЕ ЗА ХИПНОЗУ

По славном физиологу И. П. Павлову, који је систематски вршио мноштво експеримената из области физиологије, процес хипнозе се одвија у кори великог мозга под утицајем одређених услова. Хипноза је, по њему, полусан централног нервног система, с тим да се она може применити само на оне делове мозга који управљају и синхронизују покрете тела.

Од почетка овог века, широм Европе, веома често се приређују представе испуњене демонстрацијом хипнозе. Ове атрактивне приредбе умногоме су допринеле да је интересовање за хипнозу порасло у широким народним масама. Поред тога, проблемом хипнозе почињу да се баве поједини институти, махом медицински.

Посебан полет научног изучавања хипнозе на Западу настаје после појаве књиге Кларка Хала „Хипноза и сугестибилност", 1933. године. Од тада настају, посебно у Енглеској и Америци, многобројна клиничка и експериментална истраживања и појављују се дела која покушавају да најзад објасне феномен хипнозе и укажу на корист од ње. Тако, најзад, априла 1955. године Британско лекарско друштво иступа с доказима о користи хипнозе за лечење психонеуроза и за хипноанестезију – ослобађање од болова приликом порођаја и хируршких интервенција. При томе се свим лекарима и студентима медицине саветује да се упознају са фундаменталном обуком у хипнози.

Три године касније, септембра 1958, Савет за ментално здравље Америчког лекарског друштва препоручује, у вези с нашим сазнањима, да се инструкције из хипнозе укључе у све медицинске школе и постдипломске наставне центре. Најзад, у посебном извештају 1961. године, исти Савет за ментално здравље препоручује да студентима медицине и постдипломцима треба дати 144 тренинга у хипнози, у трајању од 9 до 12 месеци наставе.

Данас се у свету многи институти, широм Русије, Бугарске, Чешке, Словачке, Немачке, Велике Британије и посебно Сједињених Америчких Држава, баве изучавањем некад називаних „окултних појава“, а посебно хипнозе, примењујући је у научне сврхе све шире и све више. Неки од тих института, као, на пример, Институт за сугестопедију у Софији, затим Институт за парапсихологију у Фрајбургу итд. постали су светски познати научни центри ове врсте. С друге стране, хиљаде чланака у разним научним часописима и посебне књиге појављују се у свету с покушајима да се ове појаве до краја разјасне и поставе на научну базу.

То је, укратко, слика историје хипнозе и њеног савременог третмана у свету.

Што се наше земље тиче, хипноза је побудила интересовање тек последњих деценија. Између два светска рата, загребачки психолог, професор Рамиро Бујас извршио је низ успелих експеримената у примени хипнозе у медицини. Угледни београдски професори Медицинског факултета др Вујић и др Антић учествовали су у озбиљним хируршким захватима на хипнотисаним пацијентима. Такође, треба поменути и београдске лекаре др Савића и др Којића који су успешно примењивали хипнозу у психијатрији. Познати су и порођаји под хипнозом – Пајнтара и др Ловрића. Они су још 1971. године одржали семинар у Крању и том приликом група гинеколога добила је одговарајуће дипломе да могу порађати хипнотисане жене, а у сличним експериментима је учествовао и сам аутор ове књиге.

Данас у Србији феномен хипнозе побуђује све веће интересовање у смислу научне дисциплине која налази своју примену у медицинској науци, психологији, педагогији и другим областима.

ШТА ЈЕ СУГЕСТИЈА А ШТА ХИПНОЗА?

У обичном животу, често сугеришемо једни други-ма, што се огледа у виду различитих реакција наших саговорника. Ако старијем човеку кажемо да делује младалачки свеже, можемо запазити да ће се његово лице, иако пре тога тмурно, брзо разведрити. Познато је и то да многи људи болују од хипохондрије*, мада су у суштини здрави. То њихово убеђење да су болесни по-некад се може излечити једноставним поновљеним су-гестијама од стране лекара да им се здравствено стање поправља, да ће убрзо бити потпуно здрави и сл.

Познато је, такође, заразно зевање у друштву, ка-шљање на концерту, смех који нас неодољиво обузима видећи како се други људи смеју и тако даље. Ако се у отвор кутије, која је осветљена, стави рука пошто је речено да тобоже има струје, струја се и осети чим се пусти апарат. Или, ако отворимо флашицу чисте воде, а кажемо да ће се сада осетити одређени мирис, многи присутни ће заиста убрзо и осетити мирис!

---

* Хипохондри су људи осетљиви на своје здравље. Они, у ствари, имају јако сензибилисане унутарње осећаје, па и најмању промену ун-трашњих органа осећају и преувеличавају, због чега лако себи сугеришу најразноврснија обољења.

Поред тога што сугеришемо другима, можемо сугерисати и сами себи. Та појава зове се аутосугестија. Многи случајеви неуротских и сличних поремећаја су, у ствари, аутосугестије које су у већини случајева изазване ненамерно. Познато је како неким људима престану болови зуба чим дођу до лекарске ординације. Плашећи се интервенције стоматолога, они себи несвесно сугеришу да их зуб више не боли и зуб заиста престане да их боли.

Сугестија се доста користи у васпитне сврхе, посебно у доба дечјег узраста. Познато је, на пример, како мајка брзо умири дете кад се удари тиме што пољуби ударено место које га боли. Сугестијом се такође могу одстранити извесне мане ученика, побољшати успех у учењу, спорту итд.

Према професору др Рамиру Бујасу, сугестијом се може деловати и на памћење. Може се олакшати сећање и изазвати хипермнезија, то јест појачано памћење, што је нарочито значајно, рецимо, за кандидате који се налазе пред испитом. Такође се може сугерисати и погрешно памћење, односно парамнезија. Због тога је, на пример, у судској пракси забрањено постављање сугестивних питања. Познат је експеримент једног немачког наставника који је показао ученицима новац, а затим им упутио сугестивно питање: „Да ли је неко видео рупу на новчаници?" Од 48 ученика, 44 је одговорило да су видели рупу, тројица су рекла да је нису видели, а само је један тврдио да није било рупе. На новцу заиста није било рупе.

Сугестијом се на подручје нашег доживљавања могу остварити различите промене. Може се деловати на све људске активности што је неопходно за истрајност у раду, за разне вештине, глуму или спорт. Чак се може деловати на рад оних делова нашег организма који не зависе од воље, као, на пример, на разне органе и жлезде, на срце и крвоток итд. Тако се може зауставити и крварење ако се сугестијом постигне сужавање крвних судова.

Хипнотизерска сеанса – стара гравира

СВАКОДНЕВНА ХИПНОИДАЛНА СТАЊА

Да би се схватила сва сложеност различитих стања у којима се може наћи свест, односно људска психа, треба указати и на нека хипноидална стања, која настају због истих узрока због којих и хипноза, али друкчијом, неформалном техником. Тако, возач који дуже вози добра кола ауто-путем, може услед монотоније вожње (једноличног зујања мотора, гледања у белу црту срединoм пута др.), доћи у стање које називају „друмска хипноза“.

Живот савременог човека је пун хипноидалних контаката и односа, које неки психолози називају „будна хипноза“. Радио и ТВ огласи и рекламна пропаганда, рецимо, затим, добар говорник, онда глумац за време позоришне представе или уопште филмска представа, све су то прилике које доводе човека у стање у коме се нереално замењује за реално, доводе до те „будне хипнозе“. Зато човек понекад, кад изађе из позоришта, треба да протрља очи и увери се у стварност око себе јер је за време комада живео у другом свету.

Што се, пак, тиче праве хипнозе, дају се многе дефиниције ове појаве које истичу, у ствари, овај или онај њен аспект, не одређујући прецизно њену суштину. Чини се, ипак, да би најбоље одговарало суштини овог феномена ако хипнозу дефинишемо као посебно стање промењене свести у којој је хипнотисана особа веома подложна сугестији. Некадашњи професор универзитета у Мајамију и први вицепредседник Америчког друштва клиничке хипнозе Чарлс Матер рекао је у једном свом интервјуу: „Хипноза је промењено стање свести које карактерише повећана концентрација, повећана релаксација и повећана сугестивност“. Ово се стање изазива одређеном техником хипнотисања било од стране другог лица – хипнотизера, било од стране самог медијума – хипнотисаног, у ком случају је реч о аутохипнози. О овој занимљивој појави касније ће бити посебно више речи. Засада само напомињем да не морају постојати две особе – хипнотизер и његов медијум, него се може радити о истој особи.

ХИПНОЗА И САН

Дуго се сматрало да је хипноза исто што и сан, па је и Павлов сматрао да постоји само квантитативна, али не и квалитативна разлика између сна и хипнозе. Наиме, Павлов је сматрао да је сан тотална инхибиција мождане коре, а хипноза – делимична инхибиција. Експериментатори су показали да пас коме је одстрањена мождана кора такође заспи, што значи да није реч само о инхибицији мождане коре.

С друге стране, хипнотички сан, иако је заиста сан посебне врсте, квалитативно се разликује од обичног сна, а пре свега у следећим карактеристикама.

Хипнотисани се налази у повећаној напетости пажње и максималној концентрацији у правцу даване сугестије хипнотизера, док је човек у обичном дубоком сну психички и физички релаксиран и без икакве напетости пажње или сугестибилности. Хипнотисани чује сваку реч и претвара је у представу, у стварност за себе, у којој реагује адекватно сугерисаној ситуацији, док човек који спава не реагује и не прима спољне дражи. Даље, човек под хипнозом је тек у минималној дози критичан према поступцима, док у сну нема критичког становишта зато што заспали не реагује психички. Такође, први је оријентисан у времену и простору, док други није; први има способност репродукције и сећања, док тога у сну нема. И најзад, хипнотисани одржава везу за време хипнозе тзв. рапорт,[*] док у обичном сну та веза не постоји, а једино се посебно може успоставити у стању лаког сна.

Особа која спава реаговаће рефлексно на убод, иако можда осећај неће ни доћи до свести, док у хипнотичком сну постоји анестезија, то јест, неосетљивост на спољне надражаје те врсте и у дубокој хипнози може се човеку пробости, на пример, језик, образ итд. а да он не осети никакав бол.

Најзад, коришћење модерних апарата електро-енцефалографа,омогућило је да се утврди разлика између сна и хипнозе. Наиме, електро-енцефалограм, који показује снимак можданих таласа, под хипнозом је као у човековом будном стању, а не као у обичном сну.

До сада смо говорили о сну, подразумевајући под тим термином само спавање. Занимљив је, међутим, и однос сна који човек сања за време спавања и хипнозе. У овом смислу се врше многи експерименти у Русији, САД и другим земљама.

Тако је руски научник И. Е. Вољперт извео низ експеримената с пацијентима којима је за време хипнозе давао усмене сугестије да сањају и да запамте сан тако да га могу испричати, а онда им је после буђења наређивао да испричају шта су сањали. На тај начин је потврдио да се под хипнозом може изазвати сањање путем усмене (вербалне) сугестије, али и путем дражења, хипнотисаног спољним дражима (длаком, рецимо). Ме-

---

[*] Рапорт је уобичајен назив за везу између хипнотизера, односно терапеута и медијума, односно пацијента, за време хипнозе.

ђутим, известан број је сањао и могао је сан испричати чак и без икакве сугестије или давања спољне дражи, просто се сан јављао сам од себе.

Како наводи овај руски аутор, од 280 случајева сањања под хипнозом, 244 су могли лепо да испричају шта су сањали. Њих 198 су добили сугестије да сан запамте, али су 48 хипнотисаних запамтили шта су сањали и могли су то испричати, а да уопште нису добили сугестије за то.

Снови на спољне дражи под хипнозом, као и код обичног спавања, остављали су трагове на садржину сна (пример жене, којој је длаком дражен нос, сањала је да је легла у траву и да је трава боцка по лицу; друга, којој је принета флашица с мирисом, сањала је како је ушла у радњу да нешто купи, а у радњи је тако мириса- ла нека боја „да је било немогуће дисати" итд).

Ови експерименти су, такође, показали да је немо- гуће под хипнозом изазвати (сугестијом) говорење у сну, што се могло упоређивати са оним што је пацијент причао после буђења. Најзад, постојала је сличност у карактеристичним обичним сновима појединих пације- ната и оних под хипнозом.

Амерички истраживачи су користили хипнозу у ни- зу експеримената у циљу детаљнијег тумачења механи- зма сна. Наиме, сматра се да у тим стањима човек има способност да тумачи свој сан или сан другог човека, који му хипнотизер исприча док је субјекат под хипно- зом и затражи да протумачи тај сан. Тако су добијена занимљива тумачења снова која су се често сводила на тумачења каква даје психоанализа, због чега се и споре научници, тврдећи да на ово тумачење има утицаја ми- шљење самог хипнотизера.

Праве се и друге комбинације између хипнозе и сна. Познати руски психолог Лурија доводио је хипнотисани субјект у тешку ситуацију, тј. изазивао му трауму, а потом у будном тражио од њега да му прича какве снове сања. Користећи ову методу, енглески психолог Ајзенк је жени од 32 године, под хипнозом, дао сугестију да шета пустом улицом на периферији Лондона, затим је јури неки човек, она покушава да побегне, али не успева и он је стиже и силује је. Када је пробуђена из хипнозе, осећала се тешко и уморно, мада се није сећала ничега. Међутим, овакве сугестије су свакако штетне, јер остају у подсвести медијума.

Предстоје, дакле, још многа истраживања у којима ће се хипноза до краја расветлити, али и помоћи да се многе друге појаве из психичког живота људи боље расветле и упознају.

У сваком случају, до данас немамо једнозначну теорију којом бисмо могли објаснити шта је то хипнотички сан. Тако, Којић (у својој књизи „Хипноза – теорија и пракса“) наводи низ покушаја објашњења хипнозе као вида хистерије, као сна, хипнозе као играња улога, као хиперсугестибилности, као дисоцијација, као условљавања, наводи психофизиолошке теорије, гледишта психоанализе, Павловљеве школе и Пушкинове теорије кортикалне инхибиције. Све оне понешто објашњавају, али никако не могу објаснити хипнозу и хипнотички сан до краја и без остатка. Боље је зато да и ми одмах пређемо на увођење у хипнозу, њене стадијуме и могућности.

ТЕОРИЈА ХИПНОЗЕ

У данашње време научници који се баве хипнозом тврде да не постоји јединствена теорија која би најадекватније дефинисала суштину хипнотичког феномена. Све су ове теорије парцијалне и свака нуди објашњење на одређеном нивоу, али ни једна на задовољавајући начин не објашњава базичне садржаје поменутог феномена.

Сматрамо да посебну пажњу заслужују три теоријске тенденције:

1. Павловљева теорија
2. Теорије инспирисане експерименталном психологијом
3. Психоаналитичке теорије.

ПАВЛОВЉЕВА ТЕОРИЈА

Полазна основа ове теорије конципирана је на основу експеримената са животињама.

Павлов хипнозу назива парцијалним сном, односно прелазним стањем између сна и јаве. Експериментално је установљена „тачка будности" пса кондиционираног на знак трубе као на сигнал исхране. Успаван, пас би се будио једино на знак трубе, док је био сасвим неосетљив на другу буку, па чак и на ону најинтензивнију.

Кортекс пса био је стално инхибиран „будним тачкама“ и у неким зонама које су остале будне. Каснијим експериментима Павлов мења своју теорију о хипнози као парцијалном сну. Павлов је у овом случају начинио неке превиде, (који су коментарисани) у поглављу „Хипноза и сан“.

По њему, у кортексу постоје поменуте „тачке будности“ које код медијума омогућују „однос“ између хипнотизираног и хипнотизера. Хипноза укључује три такозване хипноидалне фазе: фазу егализације, парадоксалну фазу и ултрапарадоксалну фазу.

По Платонову, у физиолошким стањима фазна стања су пролазна и брза и могу потрајати месецима и недељама. Притом се пацијент налази у патолошком стању. Осим тога, хипноидне фазе је, с једне стране, могуће сматрати физиолошким супстратом неуроза или психоза, док с друге стране – оне представљају „нормалан облик физиолошке борбе против морбидног агенса“ (Chertok, 1974).

По Павлову, понављање стимулације без поткрепљења исцрпљује условне рефлексе, што се може користити у хипнотском разусловљавању лоших навика.

Чешки научник, Павловљевих стремљења, Horvai, написао је: „Павловљева теорија хипнозе није догма". Павлов није стигао довољно да објасни своје идеје, а неке од њих остале су у сфери хипотеза. Такође се мора нагласити да је Павлов експериментисао са животињама, а не са људима и да се стога у закључивању о његовим резултатима и гледиштима мора бити крајње обазрив. Могло би се поставити и питање: ако су хипноза и сан слични, зашто се индукција (увођење) у хипнозу не врши лакше из сна, него из будног стања? Свакако, постоје разлике између природног сна, хипнотски индукованог сна и хипнозе, али оне још нису научно истражене и објашњене. Без обзира на то, ми сматрамо да поменуте идеје могу послужити као полазна тачка будућим истраживањима.

ТЕОРИЈЕ ИНСПИРИСАНЕ ЕКСПЕРИМЕНТАЛНОМ ПСИХОЛОГИЈОМ

Највећи допринос истраживачкој перспективи ове теорије дао је Hull. Познато је како је он, обесхрабрен нервозном полемиком с Лиебеаултом, одлучно изјавио: „Нема хипнозе. Постоји само сугестибилност“. Бихевиористички психолог Hull (1933.)[*] се ограничио на проучавање сугестибилности у линеарној димензији. Према њему, хипноза задржава вербалне тенденције („symbolic processes“) субјекта у стању пасивности, омогућујући вербалним подстицајима (symbolic stimulation) које му сугерише хипнотизер, да буду преображени у одговарајуће садржаје. Ово гледиште свакако значи приближавање „закону идеодинамизма", како га је назвао Бернхеим, а према коме, у одређеним условима, идеја може бити и кретање. Hull закључује да је сугестибилност „способност долажења под утицај идеје коју је прихватио мозак и реализације те идеје".

Са Крогером (1966) наступа период увођења мотивационог гледишта. Он хипнотичко понашање дефинише као „значајно оријентисано према циљу који се у сушти-

---

[*] Hipnotisme, suggestion and psychhotherapie, New York, 1933. Sarbin (1950) naglašava značenje "igre" (role-taking) u ponašanju hipnotisane osobe (Hull)

ни састоји у понашању које запажамо код хипнотисане особе која се понаша у складу са сталним упутствима експериментатора и идејама којима је субјект изложен".

Chertok (1974) сматра да нема делирантног уверења ни у хипнотизера ни у хипнотисане особе, чија реч и надаље чува извесну контролу над реалношћу и у сваком тренутку може изменити стање. Он је такође твр-дио како сви хипнотички феномени, а за које се зна да се под хипнозом јављају у виду измена физиолошких функција, могу настати код предиспонираних субјеката и у будном стању.

Све ове теорије, на неки начин, биле су инспириса-не експерименталном психологијом, али да бисмо има-ли комплетнију слику ових појава, поменућемо Фројда и његово психоаналитичко тумачење појаве каква је хип-ноза.

ПСИХОАНАЛИТИЧКЕ ТЕОРИЈЕ

У психоаналитичкој теорији и пракси хипнотичка сугестија посматра се као посебан вид трансфера (Cher-tok, 1974).

За Ференцзија, Фројдовог ученика, у хипнози до-лази до реактивирања Едиповог комплекса са особом која доноси љубав и страх. Као последица јављају се два типа хипнозе: један је „мајчинска хипноза", која се заснива на љубави, а друга је „очинска хипноза", која се заснива на страху (Филиповић, 1975).

Фројд је своје мишљење о хипнози развио 1921. у „Колективној психологији и анализи Ега". Он је инси-стирао на еротском аспекту хипнотичког односа: „Хип-

нотички однос састоји се од потпуног љубавног пре-
пуштања, искључујући сваки сексуални ужитак". Али,
љубавно стање, без директних сексуалних тенденција и
надаље измиче сваком рационалном објашњењу, па је у
низу односа тешко схватити хипнозу која се појављује
са мистичним карактером". Исто тако, Фројд инсистира
на аспекту потчињавања у хипнотичком односу. Хипно-
тизер узима место идеалног ега субјекта, он ће одигра-
ти улогу свемогућег оца првобитне заједнице.

Појам трансфера није једноставно објаснити, без
обзира на то што је он један од најчешће коришћених
појмова психоаналитичког речника. Да би означио везу
пацијент-терапеут, Фројд је још 1895. употребио назив
Uebertragung (трансфер, пренос, transference). До овог
термина Фројд је дошао анализирајући својства овог
феномена, наводећи да се трансфер базира на ранијим
пацијентовим искуствима и осећањима (Бујас, 1954).

У својим првим запажањима о трансферу, Фројд ис-
тиче његову двојаку улогу. Најпре је Фројд сматрао да
се трансфер манифестује преко улоге отпора, а да исто-
времено служи бољем разумевању неурозе пацијента.
Даље, Фројд закључује да је трансфер премештање ли-
бидозних жеља с изворних објеката на личност хипно-
терапеута, који постаје објект пацијентових либидозних
стремљења. Фројд је стално наглашавао да овај процес
није свесне природе (Kroger, 1963).

У духу ових тумачења, чини нам се да у трансфе-
ру треба гледати преношење на личност терапеутових
осећања које је пацијент у прошлости имао према зна-
чајним личностима из свог живота: родитељима или ро-
дитељским супститутима (дадиље, учитељи итд). Под
контратрансфером подразумевамо феномен исте приро-

де, али који сада садржи осећања која терапеут преноси на личност пацијента (Филиповић, Тодоровић, 1974).

Увођењем концепције трансфера, психоаналитичке теорије омогућиле су боље представљање хипнотичког односа, али нису успеле да пруже истинско објашњење и потпуно разумевање појавности хипнозе, јер трансфер постоји у свим психотерапеутским односима, а не само у хипнози, (Линдемман, 1979).

„Тачно је да трансфер, односно сугестија делује попут других терапеутских метода" – изјављује Фројд у свом делу „Увод у психоанализу" (1917), „али је разлика у томе што одлука од које зависи терапеутски успех није овде препуштена искључиво сугестији, или трансферу". Фројд тражи другачије коришћење сугестије (или трансфера) у психоанализи него што је то случај у другим психотерапијама.

На крају овог поглавља о психоаналитичком тумачењу хипнозе можемо поставити питање: Где је место хипнозе у психотерапији данас? На ово питање одговорићемо цитатом проф. Едуарда Клајна: „Колико је мени познато, данас у свету има психотерапеутских покрета који јако фаворизују хипнозу. Они приступају хипнози искључиво као сугестивној техници и обично немају психодинамичког концепта у разјашњавању хипнозе. Има психотерапеута који фаворизују хипнотерапеутску технику чиме на неки начин желе конкурисати психоанализи. Они психодинамичка схватања тако укључују у теоријско обја сњавање хипнозе и склони су критиковати Фројда особито због тога што је хипнозу као психотерапеутску технику одбацио.

Ми сматрамо да је хипнотерапија успешан психотерапеутски метод. Његова је предност што може бити ефикасан и релативно брз. А, познато је да је управо Фројд препоручивао хипнозу, јер представља знатно краћи поступак од психоанализе.

Завршавајући ово поглавље, желимо да истакнемо да је хипноза претходила психоанализи и да је, на неки начин, заслужна за њено откриће. А, у данашњим условима, под којима се човек рађа, расте, живи и ради, свака друга особа је на известан начин неуротична. Ординације психотерапеута препуне су људи који траже помоћ, а те њихове потребе ни издалека не могу бити удовољене пошто је психоанализа веома дуга метода лечења.

КАКО ДОЛАЗИ ДО ХИПНОЗЕ?

Хипноза се постиже вољом хипнотизера, коју он преноси на медијум говором, уз упорно фиксирање погледом, а до хипнозе може доћи и приликом фиксирања једне тачке на неком предмету, уз одговарајућу усмену сугестију монотоним, али одлучним, сугеришућим гласом. Основно је да се фиксираним погледом субјекту што више заморе очи. Зато се користи неки осветљен предмет у који медијум треба упорно да гледа при чему је добро да он буде постављен мало изнад очију субјекта, чиме се очи више замарају.

Многи аутори наводе најразноврсније методе хипнотисања пошто се данас много експериментише с хипнозом, па се стално изналазе и нови начини хипнотисања. Психолог Ајзенк, такође наводи да је једном приликом успео да изазове дубок хипнотички сан једног субјекта понављајући му тихо: „Понедељак, уторак, среда, четвртак, петак, субота, недеља...“! Други је – Енглез који није знао добро француски, хипнотисао пацијента Француза понављајући му погрешно: „Твоје се ноздрве затварају“ (овај је, наравно, и овом приликом затворио – очи).

Реч је, дакле, само о посебној атмосфери, миру (мада се може хипнотисати и у галами и пред масом), слабом светлу и концентрацији погледа у једну тачку да

би се изазвао замор очних мишића субјекта (очи хип-
нотизера не морају играти никакву улогу, мада свакако
помажу при хипнотисању).

Иначе, усмена сугестија је најраспрострањенија у
пракси због чега је једно време владало мишљење да је
могуће хипнотисати медијум једино ако зна језик којим
говори хипнотизер. Експерименти су, међутим, показа-
ли да је могуће хипнотисати особу, изговарајући речи
на језику који она не зна, па чак и глувонеме.

За време боравка у Русији, један амерички психо-
лог извео је експрименат с једном болничарком изго-
варајући речи на енглеском језику, који она није знала.
Шеф клинике је на руском језику објаснио болничарки
да амерички хипнолог хоће да је хипнотише, а затим је
експеримент почео. Хипнолог је стао испред медијума
удахну дубоко ваздух који је затим пре издисања задр-
жао неколико тренутака. И медијуму је дао знак да то
исто учини да би и код болничарке изазвао попушта-
ње мишића. Затим је упалио џепну лампу и издалека
је наднео изнад главе болничарке, без усмеравања све-
тлосног снопа на њене очи и усредсредио снагу на њен
поглед. Потом је на енглеском рекао: „Ваше очи су све
уморније. Капци су Вам тако тешки да ви једва чекате
да их склопите!“ Болничарка је, заиста, склопила очи
предајући се полако хипнотичком сну.

Хипнолог је наставио експеримент сугеришући јој,
такође на енглеском, да осећа замор и клонулост у телу,
после чега се она олабавила и глава јој је клонула на-
пред. Онда је подигао њену руку и пустио је у крило, а
затим јој сугерисао: „Ваша рука се диже, све је лакша,
она се диже као да је привлачи нека магнетска сила“.
Реакција није уследила одмах, али је после поновљене

сугестије жена подигла руку. Затим јој је рекао да се њена рука на звук удара његових прстију, враћа у нормално стање и пада у крило, то се заиста догодило. После тога јој је рекао: „Ви ћете се осећати освежени и пуни снаге чим будем избројао до пет и тада ћете се пробудити!“ Када је изговорио „пет“, болничарка се заиста пробудила.

После изванредно успелог експеримента, који је потврдио да се медијум може хипнотисати и вербалном методом на језику који не познаје, амерички хипнолог је дуго о томе разговарао са руским колегама. Питали су се: да ли је телепатијом прекорачена граница која раздваја језике. Када су упитали болничарку шта ју је навело да се потчињава сугестијама које није разумела, она је рекла да је имала неки осећај да зна шта амерички хипнотизер очекује од ње. Американац је то протумачио тиме што је жена била окружена апаратима за хипнозу и што су јој лекари саопштили његову намеру, али ни сам није могао да пружи најпотпуније објашњење јер су неке сугестије биле такве природе да болничарка није могла да их очекује. Једино је исправно да констатујемо да је ипак посреди била телепатија.

Али, хипноза се може постићи и „магнетским“ потезима руку по телу медијума. Тако може и хипнотизер да постигне аутохипнозу. Враћање из хипнотичког сна може се, такође, постићи кретањем руку по телу, али у супротном смеру. Најчешће хипнотизер комбинује „вербалну“ са „магнетском“ методом, поготово код медијума који није лако подложан хипнотичком сну. Основно је да хипнотизер успоставља својеврстан контакт с хипнотисаним – тзв. рапорт. Иначе, човек се може хипнотисати и кад спава: тада се само делимично пробуди и с њим се успостави рапорт. (То је слично као у познатом, посебном односу – „рапорту", мајке и малог детета. Мајка, која дубоко спава и не буди се ни на какву буку, пробуди се лако на најмањи шум детета или његов слабачак гласић. Она одржава известан контакт с дететом у неком центру мозга који „стражари" и који јој омогућава лако буђење.)

Почетна фаза успављивања у којој је потребно да се медијум опусти и пажљиво слуша хипнотизера

КО СЕ СВЕ МОЖЕ ХИПНОТИСАТИ

Погрешно је мишљење да се могу хипнотисати само људи слабе воље, болесни и сл. Већина аутора се слаже да се и здраве и болесне особе могу хипнотисати, само је разлика у степену сугестибилности, и дубини транса који се може постићи. Иначе, хипноза у различитом степену успева код око 85% људи. Ајзенк, на пример, у својој занимљивој књизи „Смисао и бесмисао у психологији", наводи да је око 15% људи неосетљиво на хипнотисање, око 40% може пасти у лаки хипнотички сан, око 25% у средњи хипнотички сан, док око 20% може бити хипнотисано до дубоког хипнотичког сна. Изгледа да то умногоме зависи од структуре саме личности и да је тај степен сугестибилности не само различит код различитих људи, него и код једне исте личности у разним временима. Најзад, она се може и увежбавати и једна те иста личност може временом постати добар медијум и побољшати своју способност, односно подложност сугестивности хипнотизера.

Какве су особине доброг медијума?

Добар медијум не може да се одреди по физичкој конституцији. Понекад је лако могуће хипнотисати снажног човека, високог растом, а уопште није могуће – слабашну и „ситну" жену. Такође, то не зависи ни од професије, па чак ни од тога да ли нека личност у неким приликама показује јаку вољу или не. У ствари, врло тешко је открити доброг медијума ако се претходно о њему не знају неки карактеристични подаци. Хипнотизер то „осети“ тек када се нађе очи у очи са оваквим медијумом, а то осећање је плод искуства и особености хипнотизера.

Познато је да се људи са већим интелектом и са већом моћи концентрације лакше доводе у стање подложности примању сугестије.

Различита су мишљења о томе ко је важнији – хипнотизер или медијум. Док многи хипнотизери истичу свемоћност свог утицаја на медијума, па према томе и искључиву важност хипнотизера у хипнози, други трезвено указују на то да успех хипнозе обично зависи подједнако и од хипнотизера и од његовог медијума.

Напоменимо да има и таквих који успех хипнозе виде првенствено у медијуму. Да би то поткрепили, наводе да и медијум може бити хипнотизер, односно да се аутосугестијом може довести у хипнотички сан. Најбоље је да се задржимо на оном схватању које указује на подједнаку важност хипнотизера и медијума, јер је најтачније. И један и други, свако на свој начин, доприносе да хипноза буде успешна.

Заблуда је да хипнотизер обавезно мора бити црномањаст човек са продорним црним очима. Неки сматрају да хипнотизерове очи морају бити сиве и хладне. Не може се порицати значај и хипнотизерове спољашности, која може на известан начин да улије сугестивност код медијума. Руски психијатар Леви, сматра да успех хипнотисања зависи пре свега од мајсторства и прониц-љивости хипнотизера. Сама сигурност омогућује оном који хипнотише да влада мимиком и интонацијом гласа,

Извођење медијума из равнотеже у првој фази хипнозе

а то има огроман значај за успех сугерисања. Хипноти-зер мора бити добар стратег и тактичар да би увек био господар ситуације.

Нека испитивања су показала да је већа сугести-вност хипнотизера мушкарца него жене. Међутим, како хипнотичка сугестибилност зависи од мотивације, она се разликује код разних особа, па се не може у већој мери повезати са полом или карактерним цртама паци-јента. Неки аутори истичу да су жене нешто бољи меди-јуми ако је хипнотизер мушкарац.

Степен сугестибилности се, у ствари, боље може одредити начином на који је нека особа реаговала на сугестију. Као пример можемо навести да неко може бити дубоко сугестиван када се ради о стимулативном утицају по здравље, а да буде неосетљив на убеђивање трговаца.

У свим случајевима када хипноза не полази хипно-тизеру за руком, могу се пронаћи узроци неуспеха, а за-тим одстранити. Зато је потребно више пута понављати сеансе, јер се и искусном хипнотизеру догађа да у току једне сеансе код извесних медијума не успе.

Најчешћи узроци неуспеха су, према Левију, следе-ћи: (1) немање воље за хипнотисање; (2) прекомерна, понекад и „наметљива" анализа појаве хипнозе када она настаје; (3) спољни надраживачи који сметају; све-стан и несвестан страх пред хипнозом и др. Плански може хипнотисати само онај који познаје теорију и који зна зашто је нешто могуће, односно немогуће. Чак и код веома спретних хипнотизера може чешће долазити до неуспеха ако су теоријски неупућени у механизам хип-нозе.

СТАДИЈУМИ ХИПНОЗЕ

Обично се говори о различитим степенима, односно стадијумима хипнозе, премда су прелази из једног стадијума у други суптилни и неприметни. Медијум постепено прелази у све дубљи хипнотички сан, зависно од степена његове сугестибилности и вештине хипнотизера, односно терапеута. Али, већина аутора ипак истиче три степена стадијума хипнозе – лаки, средњи и дубоки сан, или сомнамбулизам, односно најдубљи степен – каталепсију.

Лаки хипнотички сан је онај у коме медијум не спава, али је његово стање праћено извесним одсуством свесног живота. Тада је медијум потпуно свестан свега што му хипнотизер каже, али не може да се одупре његовим сугестијама, пошто његова веза за спољним светом иде једино преко хипнотизера. Медијум у овом стадијуму не прима никакве утиске са стране.

У лаком хипнотичком сну, медијум као да се налази под анестезијом. Тада је могуће вршити над њим једноставније експерименте, а код примене хипнозе у медицини, у том стадијуму медијум се може лечити од лакших случајева психичке поремећености, наравно, уколико болест није физиолошког порекла.

Стадијум лаког хипнотичког сна може постићи већина терапеута без нарочитог увежбавања, те се зато на неким универзитетима у иностранству, између осталог, препоручује студентима и хипноза као помоћно средство лечења.

Поред лаког сна, у коме хипнотисана особа извршава све наредбе, а касније јој се чини да је могла томе да се одупре, постоји такозвани средњи хипнотички сан у коме је утицај хипнотизера на медијум знатно већи.

У средњем хипнотичком сну, утицај хипнотизера на медијум је разнолик. Он може да изазове код њега разне визуелне халуцинације, да му створи представу концерта, или, пак, да му изда сугестију за такозвана постхипнотичка извршења. Постоји, најзад, и дубоки сан, у коме медијум не осећа никакав бол и може да се подвргне најтежим експериментима и операцијама, уколико се ради о болеснику.

Давис и Хубсон (Tepenwein, 1982) образлажу још детаљнију квалификацију дубине хипнотичког транса. На основу хипнотичких симптома они разликују тридесет ступњева хипнозе:

Дубина	Ступањ	Симптоми
Хипноидност	1	Припреме за опуштање
	2	Опуштање
	3	Титрање очних капака
	4	Склапање очију
	5	Потпуно телесно опуштање
Лаки транс	6	Каталепсија очних капака
	7	Каталепсија удова
	8	Појачање деловања
	9	Појачање деловања
	10	Каталептичка укоченост
	11	Анестезија

Дубина	Ступањ	Симптоми
Средњи транс	12	Појачање
	13	Парцијална амнезија
	14	Појачање
	15	Постхипнотичка анестезија
	16	Појачање
	17	Измена личности
	18	Једноставне постхипнотичке сугестије
	19	Појачање
	20	Кестичке илузије тотална амнезија
Дубоки транс	21	Способност отварања очију, а да се транс при том не мења
	22	Појачање
	23	Нелогичне постхипнотичке сугестије
	24	Појачање
	25	Потпуни сомнамбулизам
	26	Позитивне посхипнотичке оптичке варке чула
	27	Позитивне постхипнотичке акустичке варке чула
	28	Систематизоване постхипнотичке амнезије
	29	Негативне акустичке варке чула
	30	Негативне оптичке варке чула хиперестезија

Што се тиче поделе Дависа и Хубсона, мислимо да је врло тешко прецизније одредити такве ступњеве дубине хипнозе, а што није ни пресудно да би хипноза успешно деловала, јер често пацијент и код степена лаке хипнозе извршава све налоге терапеута.

У сваком случају, већ из ових описа како се долази до хипнозе, као и до степена, односно стадијума у којима се може наћи хипнотисани, закључак је да у хипнози нема ничег мистериозног и да је хипноза нормална појава велике концентрације свести. Међутим, мора се приметити да данас још увек има људи који верују да је хипноза ствар магије и да у њој играју улогу неке тајанствене натприродне, магичне моћи. После једне представе у Опатији, пришао ми је један Италијан, иначе Ватиканац, желећи да ме одврати од мојих „злих навика“. Он је тврдио да је хипноза дејство ђавола у сопственој личности и да ће се он заложити да тог ђавола из мене истера.

Да иза хипнозе заиста не стоји никаква тајанствена моћ, доказује и чињеница да се медијум може хипнотисати и помоћу гласа снимљеног на компакт диск или сл. Све чаролије и чуда која су се дешавала у Средњем веку и раније, данас се могу објаснити са чисто научног аспекта.

ОПАСНОСТИ ОД ХИПНОЗЕ

У вези са питањем опасности од злоупотребе хипнозе, тј. да ли хипнотисани може извршити кривично дело, неки криминални акт, постоје приче, истина, без доказа, које је објавио Стефан Цвајг у књизи „Ментални исцелитељи". Тамо се помиње тзв. Хајделбершки случај. Хипнотисана је 34-годишна жена и лечена седам година помоћу сугестије од стомачних болова, искоришћена сексуално и продавана другима за те сврхе, најзад је шест пута покушавала да убије мужа. Затим тзв. Копенхагенски случај. Извесни Хардуп, који је био у затвору 1945. године због колаборације с Немцима, срео се с неким Нилсоном који га је упознао с јогом и хипнозом, па му сугерисао да ће ослободити и уједнити целу Скандинавију, али за то треба новаца. Хардуп је опљачкао банку убивши директора, али суд није признао да је то радио под хипнозом и осудио га је на доживотну робију.

Вреди навести научни експеримент проф. Велса у САД. Хипнотисаном студенту је дао постхипнотичку сугестију да украде долар из професоровог капута. Он је то и учинио, а кад га је колега питао шта то ради рекао је: „Па, ово је мој капут". На сва убеђивања студената, љутито се бранио. Кад му је Велс за време другог

51

хипнотисања рекао да се сети шта је прошли пут било под хипнозом, ослободивши га на тај начин амнезије, студент је после буђења донео долар професору рекавши: „Ево вам ваш долар. Није баш онај који сам вам украо, потрошио сам га, али је исто тако добар“. Овај експеримент је трипут успешно понављан с другим субјектима. Вајценхофер стога закључује: Истраживачи се слажу да се хипнотисаном субјекту може сугерисати да изврши криминални акт и извршиће га ако се осећа заштићеним, ако има латентних криминалних тенденција, ако дубоко верује хипнотизеру и ако сам не схвата да је то антисоцијални акт. Дакле, помоћу хипнозе могуће је сугерисати криминални акт уз подвалу да се субјекту каже да не чини антисоцијално дело.

Има, такође, експеримената у којима се показује како хипнотисани не схвата увек сопствену опасност: у стаклени суд стављена је змија отровница, а субјекту речено да је то канап и сугерисано му је да дохвати канап. Он је покушао то да уради, али је при покушају додирнуо стакло и тако није страдао. Други субјект је кренуо ка змији, схватио опасност и пробудио се! Двојици субјеката је речено да је то змија и да треба да је дохвате, и оба су покушала то да ураде, али и њих је спречило невидљиво стакло. Као контролна група, 42 субјекта која нису хипнотисана добила су исти налог да ухвате змију и то је покушао да уради само један који је мислио да је змија вештачка. Двојици Лајонових субјеката је речено да је у флаши отров и кад им је сугерисао да му пљусну у лице, оба су то урадила; Лајон је био заштићен невидљивим стаклом. Ериксон је код педесеторице субјеката успевао да изврше антисоцијална дела блаже природе — крађе, лагање, читање туђег писма итд.

Класичан је случај Шарковљеве студенткиње која се пробудила из хипнотичког сна кад јој је рекао да се скине гола пред колегама студентима. Данас, у доба стриптиза и друкчијег гледања на секс уопште – вероватно би се многе студенткиње скинуле одмах. Такође се може навести на овакав чин давањем одређене сугестије којом ће се створити таква атмосфера у којој је тај чин логичан. Тако, и најстидљивија девојка ће се скинути ако јој се сугерише да је стигла с посла кући, да треба да се пресвуче и легне да се одмори, што ће она вероватно извршити скидајући се без устезања.

Педесетих година је почело увођење хипнотисања спортиста у циљу јачања њихових физичких способности. Како је то имало негативне последице (болови у мишићима итд), Комитет за медицину спорта Америчког медицинског друштва је оштро осудио овакве покушаје, па се од тога одустало. Причало се и о хипнотисању за време партије шаха – те Таљ је хипнотисао противнике, те Карпов – Корчноја итд., што су све само приче. Писац ових редова је о томе питао Карпова за време Шаховске олимпијаде у Скопљу и светски шампион је тачно одговорио: „Добром шахисти не треба хипноза, лошем неће помоћи ни хипноза".

У клиничкој пракси примене хипнозе – може доћи до замене симптома: рецимо, жена лечена од претераног пушења и јела, решила се тих мана, али је тада прешла на алкохол и постала алкохоличар. Друга која је лечена од јаког крварења за време менструације, излечена је и крварење је престало, али се поремети читав хормонални систем и сам менструални циклус. Студент који је желео да продужи будно стање да би више учио, успео је у томе, али је добио главобоље и јаке нападе умора. Све су то замене симптома које на крају крајева мало могу користити болеснику. У сваком случају, добар Минички хипнолог мора да има ове појаве у виду и не дозволи да до њих дође.

Морају се имати у виду и евентуалне опасности код хипнозе, као што је губљење рапорта – везе с хипнотисаним. Има, међутим, аутора који кажу да не постоји никаква опасност и да би у сваком случају хипноза прешла у обичан сан и хипнотисани би се једноставно пробудио, добро испаван и одморан. Занимљив је случај који наводи амерички професор Универзитета у Рацерсу у САД, Вилијамс. Он је, наиме, пацијенту сугерисао да гледа филм. Кад му је наредио усменом сугестијом да се пробуди, овај је, међутим, одговорио: „Не лармајте, или изађите из сале! Ја желим да гледам филм до краја!".

Најзад, вреди овде дати неке напомене за одстрањивање тешкоћа које се могу појавити, односно за постизање бољег успеха у хипнотисању.

Тако, ако приметите да се медијум плаши хипнозе, покушајте мирним и убедљивим разговором, да утврдите где лежи узрок страха. При том, покушајте да све поступке медијума тачно објасните и отклоните страх. Објасните му да је хипноза сасвим безопасна и да је, сем тога, веома занимљива и поучна за њега самог, као и да ће му само помоћи. Покушајте да објасните медијуму и уверите га да ви из ове области заиста нешто знате. Најсигурнији доказ јесте ако медијуму сугестијом покажете шта знате и да то није тешко. Медијум мора да вам верује да ви сигурно и без икаквих опасности можете да хипнотишете.

Ово је вероватно веома значајно, јер свако може научити технику хипнотисања, а ипак не може хипнотисати. Најзад, и сама техника неће увек бити апсолутно стандардизована, јер су и различите личности пацијената, али је главно обострано поверење и обострано веровање у успех. Због тога, рецимо, у случају непотпуног успеха, није добро рећи: „Па, добро, данас није ишло баш најбоље. Можда је то моја грешка", него је боље „Врло сте фино радили! Ви сте изванредни! Идући пут ће бити још боље. Заиста одлично сарађујете. Заиста сам задовољан дубином коју сте постигли". Овакав тон поверења и узајамног разумевања мора одавати и глас хипнотизера и читаво понашање.

Понекад медијум стиче погрешну представу о читавом поступку, захваљујући погрешно стеченом мишљењу до којег је дошао читајући разне брошуре самозваних хипнотизера. Супротставите му се јасним, убедљивим и стварним речима.

Трудите се да медијум за време сеансе буде релаксиран, тј. да за то време седи, јер телесна напрегнутост проузрокује и душевну напетост. То важи нарочито за бојажљиве медијуме.

Кажите медијуму пре хипнозе да треба да се држи сасвим пасивно и да не треба да покушава да се супротставља наложеној сугестији, већ да сву своју пажњу усредсреди на одређени садржај. У овом случају успех неће изостати.

За време припреме треба обратити пажњу да медијум буде сасвим релаксиран. Даље, не треба за то време имати никакве предмете при руци, нити, пак, упаљену цигарету, јер све ово смета медијуму да своју пажњу концентрише у одређеном правцу.

Не кажите никад медијуму „Ја ћу сада покушати да вас хипнотишем", јер то би код медијума пробудило

сумње у то да ли сте ви уопште у стању да хипнотише-
те. Кажите увек једноставно и убедљиво „Ја ћу вас са-
да хипнотисати“. Најважнији услов је да медијум у вас
стекне поверење, јер свака сумња отежава поступак.

Покушај хипнозе, односно припрему медијума вр-
шити, по могућству, у полумрачној просторији где ће
владати потпуна тишина.

Фиксир метода: медијум нетремице посматра кристал у
руци хипнотизера и лагано тоне у хипнотички сан

АУТОСУГЕСТИЈА

Када човек сам себи створи сугестију, а то се веома често догађа, то се назива аутосугестија. У том случају сугестију не изазива никакав спољашњи фактор. Аутосугестија ретко настаје свесно, већ махом без контроле субјекта.

При обичној сугестији, субјекту сугерира други човек и зовемо је хетеросугестија, што значи сугестија од другога. Аутосугестија против наше воље наступа, на пример, када кандидат на испиту и поред тога што је научио добро лекцију сугерира себи да не зна, па тако на испиту и буде.

Аутосугестија се не јавља само код људи, већ и код животиња. Птица суочена са змијом, у страху ствара у себи аутосугестију да не може избећи опасност и – настрада. Слично се може догодити и човеку ако се нађе на високој згради и доживи велики страх од понора; или бициклист, који хоће да обиђе камен, па баш право на њега удари, јер познато је да човек из страха да не погреши, греши. Такође заљубљени увек себи сугерише најбоље особине партнера, не видећи никакве недостаке и мане, као што је Дон Кихот сматрао своју Дулчинеју за највећу лепотицу. А шта тек да кажемо за студенте медицине који спремајући испите на себи опажају симптоме различитих болести?

Код аутосугестије ради се о томе да једна мисао мора бити доминантна. У то се можете лако уверити из следећег примера неких аутора. Пустите да се ваша десна рука потпуно олабави, односно релаксира. Немојте при том затезати ниједан мишић, а затим изговорите следећу сугестију: „Не могу да дигнем руку, не могу да дигнем руку“ итд. Ако сад, док непрестано понављате како не можете подићи руку, покушате да је дигнете, уверићете се да у томе нећете успети, без обзира колико се дуго будете трудили и напрезали. Међутим, ако упркос свему, ипак подигнете руку, онда значи да та мисао није постала доминантна, да вам је пажња била подељена, те је због тога превагнула и испољила се сасвим супротна мисао – ја ипак могу подићи руку“.

Приликом аутохипнозе може доћи и до таквог стања у коме субјект не осећа никакав бол, мада би у нормалним приликама задобио тешке и болне телесне повреде. Стигматизација[*] и друга аутосугестивна стања наступају нарочито код верских фанатика, који на одређеним свечаностима задају себи ударце шибањем бичем или болним убодима гвозденим шиљцима. Познат је случај ходања по жару или по усијаном камењу на неким острвима тропског архипелага за време верских церемонија. Такав случај је и у селу Ново Панчарево код Варне, где сваке године 2. марта верници ходају по жару а да им на стопалима не остају никакви трагови повреда.

И ако ходање по жару и усијаном камењу није разумљиво са становишта нормалне физиологије, научници који су се бавили том појавом дали су нека тумаче-

---

[*] Аутосугестивна стања која су занесењаци изводили на религијској бази изазивајући крвављење на појединим деловима тела.

ња. Неки аутори појаву стигматизације доводе у везу са деловањем хипнотичких и аутохипнотичких налога на живчани систем. Наводи се и физиолошко тумачење да је ходање по жару могуће зато што се аутосугестијом овлаже знојом стопала. Међутим, има случајева да се ходање по жару или усијаном камењу врши дуже време тако да и обилато знојење не би много помогло.

И др. Георги Лозанов, професор из Софије, који је имао прилике да се у селу близу Варне упозна са ходањем по жару, тумачи појаву одбране организма од опекотина тиме што се на табанима обилно лучи зној. Међутим, др Лозанов је у разговору са мном рекао да на усијаном угљевљу нису остајали трагови стопала што би се иначе догодило да је дошло до већег влажења табана. То ме је, поред осталих околности, навело да поставим сопствену хипотезу према којој се приликом ходања по жару аутосугестијом снижава температура стопала до степена када нису могуће опекотине...

Међутим, ова вештина ходања по жару може се и извежбати. Извесни Тони Рубинс – како пише један француски новинар – организовао је у Калифорнији курс на којем се људи после неколико дана извежбају да могу прошетати преко жара а да никаквог трага не остане на њиховим ногама. „Ја који не подносим иоле топлије сунчане зраке ходао сам по тепиху од ужареног угљевља чија је температура 650 степени – и нисам добио ниједан плик. Чак ни најмање црвенило на стопалама“.

Тако су присутни на семинару научили да „разбију границе својих могућности“. Из описа се види да је то чиста аутохипноза и да се људи налазе „као у сну“. У вежбама вичу из свег гласа: „Кад будем ходао по жера-

Под аутосугестијом ходање по жару не изазива опекотине
на табанима девојака

вици, моје тело ће учинити све што је потребно да се заштити. Да су они доведени у стање хипнотичког транса, показују изјаве после преласка усијаног жара: „Готово је. Табани су ми без и најмање опекотине. Нису ни поцрвенели. Али, од свега тога ништа ми није остало у сећању. Као да сам сањао па заборавио“. Други учесник изјављује: „Чудно. И ја имам утисак да сам сањао. Једино што сигурно знам, то је да смо учинили нешто што се сматра немогућим. Ходали смо по ватри“. Очигледно је, дакле, да је у питању нека врста транса у који су доведени хипнозом и аутохипнозом, што показује колико је могуће физиолошки променити функционисање организма и довести га у стање тоталне неосетљивости на спољне утицаје.

Аутосугестијом је могуће довести себе и до најдубљег хипнотичког сна, за шта је потребно дуготрајно увежбавање. При дубокој аутохипнози, успевао сам, да доведем себе до стања каталепсије, у којем сам постигао потпуну укоченост. У оваквом стању постављали су ме на две столице, тако да ми је врат био на једној, а стопала на другој столици. При том сам на себи издржавао тежину човека од 100 кгр. Унапред сам себи сугерирао да се после одређеног времена пробудим и вратим у нормално стање, што се и догађало.

Индијски факири су постигли аутосугестијом феноменалне резултате. Они су успели да приликом пробадања тела спрече крвављење, а такође и да функције својих органа сведу на најмању меру, тако да на известан начин изазивају праву клиничку смрт.

Поред индивидуалне аутосугестије, постоји и масовна, када маса људи подлеже истој идеји. У историји је познато да је због масовне аутосугестије, коју су подржавали религија и ауторитет римске цркве, дошло до проглашавања вештица и до мучења и јавног спаљивања многих невиних људи.

Бавећи се проблемом сугестије, др. Бујас напомиње да има и сугестија које никоме не користе. У појави транса спиритистичког медија видимо аутосугестију, када је у медијуму усађен неки дух. Код опсесија имамо на исти начин „инкарнацију" ђавола. У религиозном трансу, Тереза Неуман приказивала је инкарнацију: Исуса у савршено оствареној аутосугестији.

Верски фанатизам замењен је у новије време – политичким: Јапанске камиказе и немачке СС-трупе су очигледан пример масовне аутосугестије, створене идеологијом о вишој раси која треба да завлада светом.

Појава колективне хипнозе има и код нас код дервиша у Босни.

ФАКИРСКА ХИПНОЗА

Зову је факирска или хинду-хипноза јер је најпре описивана приликом разних приредби факира у Индији. Но, она није само њима својствена. Има је и у других људи као посебна способност сугерисања својих мисли другима и приморавање других да чине оно што желе (сан свих наивних људи који су одушевљени хипнозом због тога што би њоме могли другоме сугерисати шта да раде). За чувеног Свенгалија причају следећу анегдоту:

На заказану приредбу у осам увече закаснио би петнаест минута и баш кад се публика почела нервозно мешкољити очекујући почетак представе и кад се чуо и понеки звиждук, Свенгали је ушао на иста врата на која је улазила публика и повикао: „Шта је? Зашто сте нервозни? Сад је осам сати тачно!" И људи би га погледали, а затим погледали на свој сат и заиста би сви видели тачно осам сати! А тренутак – два раније тачно су видели да је око петнаест минута прошло од осам.

И пре но што опишемо ту факирску масовну хипнозу којом се огромна маса света хипнотише да тачно види оно што факир жели, опишимо случај совјетског мага, свестраног телепату и видовњака Волфа Месинга, који је имао способности сугерисања другом одређених мисли и приморавања других да раде по његовом мисленом налогу. Још кад је као дечак побегао од родитеља и сео у воз Варшава-Берлин, без пребијене паре, збио се овакав случај:

Путујући без карте, сакрио се био испод седишта у време кад је кондуктер проверавао карте путницима. Али га кондуктер приметио и викнуо на њега да изађе испод седишта. „Зграбио сам парче папира с пода и пружио га кондуктеру страсно желећи да га он види као железничку карту. „И гле чуда: кондуктер је погледао ту његову „карту“, пробушио је уобичајено својом машиницом као сваку карту и вратио му рекавши: „Па зашто се кријеш кад имаш карту? Има слободних места. За два сата стижемо у Берлин“. И наставио даље свој посао, док се збуњени дечко чудио самом себи констатујући први пут своју способност којом располаже.

БЕКСТВО ИЗ ЗАТВОРА ГЕСТАПОА

Живот и рад Волфа Месинга описан је опширно у његовој аутобиографији, објављеној у Советском Савезу и у Италији, а ми ћемо овде указати само на оне делове у којима су описане овакве његове способности јер их је после првог успеха с контролором карата у возу користио да се спасе из разних непријатних ситуација. У свом лутању по Европи, посећивао је и славне људе тог доба, Ајнштајна и Фројда, и пред њима показивао како може туђу мисао да прочита (извршио је тачно два дијалога које му је Фројд мислено пренео: да оде у купатило, узме пинцету и ишчупа Ајнштајну длаку из брка, као и да узме виолину и да им нешто одсвира). На једној приредби у Варшави, 1938. године (годину дана пре почетка Другог светског рата) прорекао је: „Ако Хитлер крене на Исток, умреће. Његова смрт зваће се Стаљингард!" Хитлерови агенти су то доставили свом вођи и кад су Немци септембра 1939. ушли у Пољску, издали су потерницу за Месингом, уцењујући га на 200 хиљада марака. Мада се био добро прерушио, ухваћен је и спроведен у затвор Гестапоа. Сада га је могла спасти само та његова невероватна способност мислене сугестије другоме оно што жели и приморавања на тај начин да то и учине.

„Дубоко сам се концентрисао – пише Месинг у поменутој аутобиографији, и стално понављао у себи: „Ви ме морате пустити! Ви ме морате пустити!“ А онда сам се дигао и кренуо ка излазу. Како се нико од гестаповаца није макао с места, мирно сам изишао на врата на која сам и доведен, узео кључ из врата и закључао их са спољне стране, остављајући унутра закључане полицајце!“.

После ове авантуре, друге није било него да бежи одмах преко границе у Совјетски Савез. Тако је једне ноћи чамцем прешао преко Буга и спасао главу остајући до краја живота у Совјетском Савезу. Но, и овде ће му његова ретка способност сугестије мислима помоћи да добије од Стаљина дозволу за несметан рад, после чега је провео живот наступајући на различитим приредбама као талепата и видовњак.

Наиме, како се био прочуо широм Совјетског Савеза по својим посебним способностима, једног су дана дошли неки непознати му људи, стрпали га у кола и повезли у Москву. И убрзо се нашао пред Стаљином:

„Ушао је један човек с брковима“ – пише Месинг. – „Поздравио ме. Одмах сам га препознао.“

„Добар дан“, – одговорио сам. „Могу да Вам кажем да сам Вас носио у наручју.“

„Како је то могуће?“ – упитао је Стаљин, зачуђен.

„За време првомајских манифестација носио сам Вашу слику у наручју“.

Дуго су разговарали, Стаљин се распитивао о славним личностима с којима се Месинг сретао. По налогу Стаљина, решио је неке „тестове“ у којима је показао и потврдио своје ванредне способности.

Тако је, у присуству сведока, агената, „опљачкао банку“ за сто хиљада рубаља! Узео је лист хартије из неке школске свеске, пружио га благајнику концентрисавши се и сугеришући му да је то чек, наредио му је мислима да му исплати сто хиљада рубаља. Стари благајник је погледао пружену хартију, парафирао, отворио касу и без речи му избројао сто хиљада рубаља. Кад су о свему направили протокол и потписали га присутни сведоци, вратио се благајнику и пружио му коферчић с парама испричавши шта је било.

Погледавши га не верујући и погледавши чекове у својој ладици, благајник је заиста нашао лист белог папира који је парафирао као чек и – онесвестио се. Доживео је мали инфаркт, али је срећом спасен и остао у животу.

Успешно је оваквим способностима решио и други тест: без дозволе је ушао у вилу високог совјетског руководиоца. Проблем је решио слично оном у варшавском гестаповском затвору: концентрисао се и сугерисао стражарима: „Ја сам Берија! Ја сам Берија!" (тј. тадашњи шеф полиције). И они су га без речи пустили да уђе у вилу.

Пример Волфа Месинга показује да таквих људи који другима могу мислено сугерисати жеље и намере и приморати и да тако раде заиста има. А сад вратимо се индијским факирима који сличне ствари изводе масовно пред масом гледалаца.

МАСОВНЕ ИЛУЗИЈЕ

Реч је овде, у ствари, о намерном изазивању масовних илузија. Кад је, пак, реч о овој факирској хипнози, најчешће се помиње познати „трик са ужетом“: групи људи овде се сугерише заједничка илузија да се уз уже које само стоји усправно пење дечак, да факир затим мачем искасапи дечака и трпа га део по део у једну кошару, из које га затим извади живог и здравог, неповређеног. Према неким подацима, људи који су ову сцену снимали филмском камером били су изненађени када су видели да факир читаво време мирно стоји, док дечак такође мирно седи поред њега. Све је, значи, једна масовна илузија, способност факира да људима наметне да виде оно што не постоји, али што је факирова жеља да виде.

Но, о овој способности наилази се на противречне информације, чак и на потпуно негирање оваквих могућности факира. За време мог боравка у Делхију, индијски лист „Хиндустани тајм“ расписао је награду за сваког ко изведе факирску хипнозу над масама, али уз контролу и присуство новинара тога листа. И – веле – нико се није јавио на тај конкурс, ни усудио да у контролисаним условима изведе масовну хипнозу људи. Међутим, мени се догодило нешто што не иде у прилог овом закључку. Наиме, док сам шетао квартом старог

Делхија, пришао ми је један старији факир и назвао ме именом, иако се први пут видимо. Одједном, угледао сам како почиње да расте стабло банане, а затим и плодове на њему. Са задовољством сам појео убране банане. За све то време један совјетски лекар снимао је тај „догађај" камером. Када смо развили филм трака је била потпуно празна. Нити је било банане, нити сам пак јео банане. И до данас не могу себи да објасним шта се са мном догодило, јер ја добро разликујем будно стање од хипнотичког.

Постоје подаци и о још једном „трику": из семенке индијског дрвета манго, која стоји на длану факира, израсте дрво, расцветава се и сазрева плод! О овом трику пише херметиста Саду Моуни, у својој књизи „Тарот", а исто је то описао да је видео својим очима у Индији Алберто Моравија, познати италијански књижевник, нобеловац (Види у књизи: Алберто Моравија, „О Индији", Нови Сад, 1964 године).

У сваком случају, појава је занимљива, а на наведеним примерима видели смо да постоје људи који другима могу сугерисати оно што желе, како у вези са мислима, тако и у вези са поступцима, хтели они то или не хтели, боље речено: људима се сугерише да виде оно што не постоји, односно да не виде оно што постоји.

РАЗНОВРСНИ ОБЛИЦИ АУТОСУГЕСТИЈЕ

Постоји читав низ метода лечења, односно развоја личности, које су, у ствари, разне аутосугестије. Такви су *ауйоīени йрениnī Шулца,* куеизам, по француском апотекару Куе Емилу, разне медитације, верске молитве и други ритуали. Сви су они на границама хипнотичких стања-транса када субјект одређеним сугестијама сам себе доводи у аутохипнозу.

Тако, аутогени тренинг, који је засновао немачки психијатар Шулц, служи за релаксацију, одмор и лечење појединих неуротичних поремећаја. Угодно седећи у фотељи или лежећи у кревету, човек изговара одређене сугестије које се односе на тежину руке, затим топлину руке (што се убрзо генералише на читаво тело), рад срца, бистрину у глави итд. У нас постоји о томе одлична књига Ханса Линдемана, немачког лекара, који је овом методом оспособио себе да сам у гуменом чамцу пређе океан. За почетна вежбања је потребно консултовати се с лекаром или психологом у то упућеним, а касније се том методом човек може сам служити одмарајући се за краће време и уопште повећавајући своје радне способности.

Куеизам потиче од Емила Куеа и састоји се у давању врло једноставне сугестије у будном стању „Сваког дана, у сваком погледу мени је све боље и боље!" У својој књизи (која је преведена и издата и код нас), Куе наводи низ случајева излечених његовом методом чак и парализованих особа (не знамо, истина, какве су врсте биле те парализе које је излечио на овакав начин). Сугестија се изговара двадесет пута на дан, а посебно ујутру после буђења и увече пред само спавање, тј. кад је мозак у тзв. алфа стању, па је посебно пријемчив за сугестије.

Различите *медитације* такође се могу свести на посебне облике аутосугестије. До нас је допрла трансцендентална медитација ТА Махариши Махеша с много помпе при посети нашој земљи. (Какви су мајстори пропаганде, показује његова посета Београду. Стигао је својим млазним авионом у пратњи шездесет гуруа – учитеља, а у Дому синдиката, на јавној приредби, свирана је наша државна химна као неком шефу државе!). ТА, међутим, има много противника међу научницима широм света као једна контроверзна метода релаксације и одмора. Све ове методе излазе из оквира нашег разматрања, па их, само узгред, помињемо не задржавајући се дуже на њима.

Неки аутори покушавају ипак да нађу објашњење овој необичној појави. Тако, Ж. М. Славински (у књизи „Психички тренинг индијских факира и јогија“) даје нека објашњења која укључују три фактора: поље дејства индукције, монотоно понављање извесних звукова и електро-магнетска природа психичке слике. Но сва три фактора захтевају дуже објашњење и познавање езотеричне литературе, која није лака за разумевање за западног човека. Реч је о дугим херметичким вежбама ради стицања моћи концентрације мисли на којима се ја не бих дуже задржавао. Уколико се неко у већој мери интересује за ову област, и код нас постоји друга адекватна литература.

ХИПНОЗА КОД ЖИВОТИЊА

Када се говори о хипнози животиња, не мисли се на исти феномен као код хипнозе људи, мада се и код животиња показују неки од феномена примећених код људи. Пошто немају свест, животиње сугестије примају на други начин, обично физичким манипулацијама, односно изненадним постављањем у неки за њих неуобичајени положај. И савршеније животиње, као што су неке врсте мајмуна, могу се мимиком довести у стање које подсећа на хипнозу, али с њима се теже могу изводити експерименти пошто не могу да реагују на сугестије као човек.

У животињском царству има много примера хипнотичких феномена. Тако је познато да пиле постављено у хоризонталан положај добија укоченост мишића и опружа ноге као у каталепсији.

Хипнозу код животиња сусрећемо не само код кичмењака већ и код многих бескичмењака, као што су рак, инсекти и др. Један од облика хипнозе код животиња је танатоза, која служи као средство заштите од непријатеља. Ако се врабац нађе у зубима мачке, њега захвати стање танатозе и мачка га оставља јер мисли да је раније угинуо.

Експерименти хипнозе код животиња вршени су одавно, још у првој половини XVII века. Кирхер је успео да хипнотише кокошку на тај начин што ју је брзим покретом окренуо на леђа. При томе је кокошка остала непомична. Ова метода је касније нашла широку примену у зоолошким вртовима, где се на овај начин живе птице доведу у хипнотичко стање да би се над њима извршила вакцинација или мерење.

Познато је да и ловци на змије имају свој метод приликом њиховог хватања. Успевајући да ухвате змију за врат, близу главе, они је лагано ударају у потиљак, после чега змија постаје непокретна и са њом се може радити шта се хоће. Из таквог стања може се повратити ако се дуне. Хипнози лако подлежу и жабе. Оне потпуно обамру ако се нагло обрну на леђа. И рак је под хипнозом потпуно укочен тако да се може стављати у најразличитије положаје.

Међу научницима се дуго водила дискусија да ли се оваква хипноза може сматрати сном, па се већина слаже да то ипак није у правом смислу речи сан и поред тога што животиња затвара очи, како је то случај и код људи.

Занимљиво је да су Спигел и Голдблом успели да изазову хипнотичку укоченост код сисара и птица којима је био одстрањен велики мозак, из чега неки научници закључују да можда и код човека при неким хипнотичким феноменима играју већу улогу примитивнији мождани центри.

ХИПНОТИСАЊЕ И БУЂЕЊЕ МЕДИЈУМА (ПАЦИЈЕНТА)

Има разних поступака којима се пацијент доводи у хипнотичко стање. Ми ћемо описати један од тих поступака.

Субјект се поставља да мирно седи на столици и почиње са усменом сугестијом:

1. „Гледаћете горе у тачку и опустићете се, брзо и дубоко ћете се опустити!" Пауза од десет секунди.

2. „Ваше ноге постају тешке, веома тешке". Пауза пет секунди.

3. „Ваше цело тело постаје тешко, веома тешко!" Пауза пет секунди.

4. „А сада, ваше ноге су тешке, ваше руке су тешке и ваше цело тело је тешко. Ви сте се дубоко опустили (релаксирали). Ви се опуштате све више, читаво време". Пауза пет секунди.

5. „Ви сте се дубоко опустили, тако да су вам очи постале тешке, ви постајете уморни, веома уморни. Затварају вам се очи. Кад сте затворили очи, фино се осећате, уживате у перфектној релаксацији!" Пауза од десет секунди.

У сваком моменту је веома важно пратити брижљиво покрете и понашање субјекта, покрете очију медијума и њихово стање. Погрешити овде, може значити „губитак медијума". Ако је он полако затворио очи са зеницама на горе, у овом моменту или у ма ком тренутку раније, тачка 7) се прескаче и одмах прелази на тачку 8).

7. Ваше очи читаво време постају све теже и теже. Очни капци постају све тежи и тежи. Они су толико тешки да их не можете држати отворене. Ви их затварате-затварате-затварате. Оне су врло тешке и уморне. Ви их не можете држати отворене, затварате их-затварате-затварате".

У овом моменту, око 70% субјеката затвориће очи. Ако се очи не затворе, панављати ове речи за следећи минут-два. А онда, ако још увек нису затворене, наредите му директно да затвори очи речима: „Затворите очи, молим!" – што ће он и урадити. У ретким случајевима, субјект ће већ бити у хипнотичком трансу, али ће бити потребно да му се благо прстима затворе очи. А онда, без обзира да ли су очи затворене, на сугестији или спонтано, (то се мора уочити одмах), без икакве паузе, без закашњења, наставити:

8. „Дубоко, дубоко сте заспали".

Ова фаза се изговара одлучним и уживљавајућим гласом, продорно, али не сувише гласно, уместо ранијег благог и уљулкујућег тона. Сада поновити фазу „Дубоко, дубоко сте заспали" сваке две или три секунде, четири или пет пута. То има за сврху да сузи свест само на једну једину идеју, наиме, да је дубоко, дубоко заспао. И, у ствари, у овом ће тренутку пацијент бити у једном од стадијума хипнозе.

Наравно, како је речено, ово је само један од многих начина који се у пракси користе, с тим што се у хипнотерапији можемо послужити и снимком гласа, субјекту познатог хипнотизера са одговарајућом вербалном сугестијом за хипнотисање. Тако се може хипнотисати и преко етра, тј. радијом или телевизијом и сл.

Само још две напомене.

1) Сугестије морају бити тако саопштене да медијум може да их прими и схвати сасвим јасно.

2) Сугестије проузрукују у читавом психичком и идеомоторном систему последице које се осећају и после хипнозе. Зато се морају пре буђења медијума уклонити сви симптоми наложене сугестије давањем противсугестије, што је у зависности од карактера дате сугестије.

То је, у ствари, основни принцип хипнотичких експеримената.

. ПОСЛЕ СВАКЕ СУГЕСТИЈЕ ОБАВЕЗНА ЈЕ ПРОТИВ – СУГЕСТИЈА У ЦИЉУ ВРАЋАЊА ЛИЧНОСТИ МЕДИЈУМУ.

ТЕСТОВИ СУГЕСТИБИЛНОСТИ

Најчешће се употребљава тест извођења из равнотеже или њишућег става. Наиме, захтева се да медијум стане право, да замисли да је укручен као дрво и да гледа хипнотизера право у очи. Хипнотизер му онда ставља руку на раме и каже шта ће, чим он буде пошао уназад, и медијум се нагнути за њим. Овај тест може да се изводи и тако што медијум подигне водоравно обе руке, а хипнотизер му сугерише да ће га „повући" унапред или „гурнути" уназад. Добар медијум обично следи ова сугестивна наређења.

Постоји још један врло често употребљаван тест у којем се захтева да медијум затвори очи и сугерира му се да неће моћи да подигне очне капке јер су слепљени.

Лекар-хипнотизер није у ситуацији да бира субјекте, него мора да своје пацијенте увежбава како би код њих појачао сугестивност. Лекар врши увежбавање са пацијентима који нису сугестибилни на тај начин што понавља хипнотичке сеансе. При том се болеснику укаже да његово здравствено стање може да се побољша једино ако и он активно учествује у покушају лечења хипно-терапијом.

Како је приметио британски научник Ван Пелт, потребне су три ствари које се захтевају од пацијента док прати упутства хипнотизера. Прво, да се релаксира, опусти своје тело; друго, да се концентрише и треће, да замишља оно што му хипнотизер сугерише, не постављајући никаква питања.

За постизање дубљег хипнотичког сна може се користити метод релаксације. Наиме, сугерисати медијуму да у машти замисли слику себе на једном високом елеватору, подигнутом на висину од, рецимо, петнаест или двадесет спратова, а затим како тај елеватор почиње да пада, при чему се медијум осећа као да и он с њим пада и све дубље пада и све више се осећа релаксираним, све више опуштеним, ређају се спратови све нижи и нижи, он се осећа све дубље опуштен и при стизању на тло, осећаће се дубоко, дубоко релаксираним. Не заспао, не у несвести, нити у трансу, него баш у дубини једне задовољне, блажене, освежавајуће релаксације, у којој чује сваку сугестију коју је спреман да следи.

За буђење из хипнотичког сна, даје се обично следећа вербална сугестија:

„Ја ћу вас сада пробудити, кад избројим до три, а ви ћете бити потпуно будни и осећати се добро. Један, два три, ви сте потпуно будни и осећате се пријатно“.

Када се медијум налази у дубоком хипнотичком сну, хипнотизер га може вратити у нормално стање овим речима:

„Ваш сан постаје сада лакши, све лакши и лакши, и ја ћу вас сада пробудити. После буђења нећете имати главобољу, нити ћете осећати несвестицу; насупрот, ви ћете се осећати сасвим пријатно. Ваш сан постаје све лакши и лакши, ја ћу бројати до три. Када избројим до три, ваше очи ће се отворити и ви сте потпуно будни. Један, ваш сан постаје све лакши; два, ви почињете да се будите; три, ви сте потпуно будни и осећате се добро“.

Број „три" хипнотизер изговара гласно и заповеднички. Ако ова сугестивна метода не успе одмах, понавља се цела ситуација, али повишеним тоном и код изговарања бројке „три", продрма се медијум или лакше удари по лицу.

ОВАКО УСПЕВА СВАКА ХИПНОЗА

Под овим насловом, Курт Тепервајн (у књизи „Висока школа хипнозе") описује основне предострожности код хипнотисања и буђења и даје тако добра упутства да ћемо га цитирати у целости.

Најважнији предуслов, без сумње, је ХИПНОТИЗЕРОВА ЛИЧНОСТ. Добар хипнотизер морао би да има непоколебљиво самопоуздање, јер ко не верује сам себи, не може очекивати да му верују други. Да би хипноза успела, преко је потребно да пацијент или испитаник признаје хипнотизера. Треба, дакле, унапред створити угодну атмосферу симпатије и поверења.

У таквим околностима, хипнотизер почиње са уводним разговором. Најпре мора сазнати да ли је испитаник био раније хипнотисан и да ли је икада посматрао хипнозу. Ако јесте, нека вам тачно опише поступак, а ви ћете се касније послужити истом техником. Упознајте испитаника са хипнозом, а ако је се он боји или о њој има погрешне представе, распршите његове сумње и страхове. Много људи очекује да ће у хипнози пасти у транс или изгубити свест, па се онда, кад им се очекивања не испуне, разочарају и не верују да су били хипнотисани:

Објасните испитанику да је хипноза потпуно безопасна и да је свако у току живота безброј пута био у хипнози, на пример док је тонуо у сан или се будио, па се према томе у хипнози не догађа ништа чудно. Затим га упитајте шта жели. Нико се не одлучује на хипнозу без разлога, већ од хипнозе очекује нешто одређено што би ви требало да испуните. Анамнеза свакако треба да садржи и стандардна питања, као што су, на пример: „Шта највише желите?“, „У чему је ваш највећи проблем?“, али такође и „Шта бисте учинили друкчије кад бисте још једном могли почети из почетка?“. Одговори на та питања редовно дају обиље података.

Чим сте се детаљно упознали са оним што испитаник жели, почните с „редакцијом“, тј. средите испитаникове жеље и обликујте их у делотворне налоге. Не заборавите да налози увек морају бити позитивно формулисани. Зато немојте никад рећи „Више вас не боли глава“, већ „Глава вам је лака и бистра“.

Кад сте обликовали сугестије, изазовите у испитанику нестрпљиво ишчекивање, разјаснивши му да ћете настојати да му помогнете и да хипноза може уклонити проблеме које вам је описао. Сад је испитаник чврсто одлучио да се подвргне хипнози и то је јасно изјавио. Тиме се искључује сваки отпор, па ће хипноза деловати према очекивању.

Најбоље ће бити да испитаник пре прве хипнозе неко време мирује у некој тихој просторији с пригушеним светлом (10 до 30 минута). При томе, нека затвори очи. Тиха музика може ту тишину још да продуби. Од важности може бити и боја зидова у просторији, при чему светло зелена и модра боја делују најповољније.

Добром хипнотизеру једва да ће икад бити потребно било шта друго осим властитог гласа и деловања властите личности. Утицај личности се појачава ако се при индукцији хипнозе и сам хипнотизер хипнотише, па на тај начин стечен, дубок мир преноси на испитаника.

Једноставно и врло поуздано средство састоји се у томе да отприлике у висини испитаникових очију када лежи, причврстите црну тачку величине кованице од пет динара и наложите испитанику да у њу упорно гледа док му се очи не склопе.

Примењујући технику индукције, морате узети у обзир све оне податке које сте у уводном разговору добили од испитаника. Морате, дакле, испунити његово очекивање. Ако испитаник не очекује ништа посебно, примените технику која вам највише одговара. Говорите увек смирујући, полако и сликовито. Хипноза може да делује само ако успете да продубите сликовите представе. Имајте у виду двоструку природу изговорених речи: њихову материјалну садржину и тон и њихов духовни садржај, мисао коју преносе. Обе те компоненте морају бити у складу. Ако, на пример, кажете: „Сасвим сте мирни и опуштени“, и при томе говорите брзо, гласно и испрекидано, сигурно ћете постићи супротно од онога што желите.

Речник прилагодите степену испитаниковог образовања. Добар хипнотизер увек настоји да се што боље саживи са испитаником и да се прилагоди његовом интелектуалном нивоу. То, дакле, тражи велику концентрацију, али без тог уживљавања ниједан човек не може да делује на другог. Кораци хипнозе следе један за другим:

1. корак: опуштање тела

постиже се, отприлике, следећим речима: Лежите удобно. Очи су вам затворене – руке и ноге сасвим опуштене и млитаве. Дишите мирно и равномерно, а са сваким удисајем тонете све дубље и дубље“ ... и тако даље.

2. корак: опуштање душе

„... сад више ништа не желите – потпуно сте пасивни. Једноставно допуштате да вам време пролази – да се све збива деловањем других – допуштате да све делује на вас. Ништа вам не може сметати. Глава вам је бистра и хладна“ ... итд.

3. корак: мир и осећај угодности

„Од главе до пете вас прожима дубока радост што се тако добро осећате. Све јаче и јаче осећате то дивно опуштање читавог тела... итд.

4. корак: отварање врата подсвести

„... у том дивном миру широко се отварају врата ваше подсвести – врата ваше подсвести широм се отварају. Све што вам говорим, продире лако и дубоко у вашу подсвест и ту се неизбрисиво урезује. Тачно тако ћете поступити“ ... итд.

5. корак: сугестије

Сад на темељу онога што сте дознали из уводног разговора, дајете потребне сугестије. Оне морају садржати све испитаникове жеље и бити канализоване према његовој подсвести.

6. корак: поновљена сугестија мира и осећања угодности. Поновите сугестију из трећег корака.

7. корак: олакшавање наредне хипнозе

„... следећи пут у исто ћете стање утонути још лакше и брже. Сваки пут ћете утонути све дубље – све дубље“ ... и тако даље.

8. корак: буђење из хипнозе

Обуставите све потребне сугестије, осим индивидуалних сугестија, и то отприлике овим речима: „Руке и ноге су вам сасвим опуштене и релаксиране. Осећате се потпуно лагано и слободно. Кад набројим до три, отворите очи и осећаћете се свежи и одморни. Један-два-три.

9. корак: закључне сугестије: Да би се испитаник добро осећао, „Сад сте опет потпуно будни, пуни снаге и енергије. Осећате се свеже и добро“ ... и тако даље.

Хипнотисати можемо и на хипнозу отпорне особе, само што са њима морамо поступати сталоженије и корак по корак. У случају неуспеха, не смете показати разочарење. Морате остати мирни и сталожени... У поновном покушају, оне сугестије које нису успеле једноставно испустите.

Ако се испитаник на ваш налог не пробуди, немојте бити нервозни. Хипнозу тада још више продубите. Затим подигните испитаникову руку и при том реците: „Кад испустим вашу руку, ви ћете се пробудити. Чим вам рука додирне бок, бићете потпуно будни и освежени и осећаћете се угодно. Такође, у све што испитанику сугеришете, морате се и сами уживети.

Најефикаснији начин продубљивања хипнозе је понављање сугестије. Међутим, дубина хипнозе битно се повећава ако је и сам хипнотизер у стању хипнозе. Због тога је за препоруку да сваки хипнотизер овлада техником аутохипнозе.

ФЕНОМЕНИ ХИПНОЗЕ

У хипнози се сугестија хипнотизера, односно терапеута, појачава и нараста до фантастичних размера, као
и могућности субјекта, односно пацијента. У том ста
њу, одрастао човек се може претворити у дечака и сасвим се понашати као у тим годинама – регресија, или
у старца који се једва креће под тежином својих година
– прогресија. Медијум може да види оно што уопште не
постоји – позитивна халуцинација, или не види оно што
је пред њим конкретно и сваком видљиво и опипљиво
– негативна халуцинација, може да изгуби свако осећа
ње, укључујући и осећање бола и додира – анестезија
и аналгезија, може да се сети онога чега се у будном
стању никад не би могао сетити – хипермнезија, али заборавити чак и своје име – амнезија. Најзад, под хипнозом се може дати сугестија коју ће медијум извршити и
после двадесет година – постхипнотичка сугестија.

О најинтересантнијим од ових феномена вреди мало више рећи.

ПРЕОБРАЖАЈИ ЛИЧНОСТИ

У преображајима личности, могућности хипнозе су често невероватне, чак и за упућене у њене феномене. О томе, на пример, да ли се хипнотисана особа може пренети у време неколико столећа уназад било је много дискусија, пошто су забележене појаве да су полуписмене или неписмене особе знале много о старим временима, па чак и страни језик. Обично се испостављало да је то њихово знање, које се неочекивано појавило, плод доживљеног и никако није случајно. Тако је познат случај неписмене служавке, која је под хипнозом говорила латински. Испоставило се да је она једно време радила код свештеника који је читао молитве на латинском, па су се у њену свест усађивале латинске речи, мада није на то обраћала пажњу.

У више случајева хипнотисане особе су говориле стране језике, мада их у будном стању нису знале. У сваком од ових случајева особе су долазиле у додир са страним речима које су изговарале било да су их чуле од странаца или преко медија.

Док се налази у дубоком хипнотичком сну, особа може да се врати на раније доживљено. При том, може да доживи разне периоде свог живота и да се у спољним манифестацијама понаша као у тим периодима. Ако се медијуму сугерише период детињства, рецимо, кад је имао пет година, он ће изговарати речи својствене том узрасту, невешто цртати по папиру и неће знати да се потпише. Регресија је у тим случајевима потпуна, јер се разним проверама интелигенције дошло до закључка да се медијум у свему пренео у време живота које му је сугерисано. Ево, само два, од многих, експеримената ове врсте:

У једном руском експерименту, медијум Наташа М. (18 г.) враћена је под хипнозом у 4. годину. Тада је насликала човека типичним дечијим потезима: круговима и линијама. А кад јој је сугерисано да је велики сликар, направила је фини цртеж девојке која седи у фотељи. Таквих примера има много.

Још је интересантнији опит с младим руским музичарем Леонидом. Он је волео сликарство и доста добро је сликао. Пошто је хипнотисан, преображен је у једног њему познатог и омиљеног сликара. Хипнотизер се тада представио као новинар и запитао га је о његовом раду у прошлости и плановима за будућност. Леонид је изјавио да му је најстваралачкији период био између 1908. и 1910. године (он сам је, међутим, рођен 1940). Онда је насликао присутну студенткињу, потписао именом тог сликара и ставио као годину „1933." (тада је тај сликар заиста још био жив!). Кад је пробуђен, дивио се и сам својој слици, изјављујући да, наравно, није као да је тај сликар насликао, али да у свему одаје његов стил рада.

Регресија није ништа мистично, јер добар психолог може и у будном стању да доведе пацијента до стадијума када ће се сетити појединости из свог најранијег живота.

Регресија нарочито пружа велике могућности у терапији откривања комплекса код појединих особа, јер су корени многих болести код људи управо везани за поједине догађаје у прошлости. Откривањем тих догађаја, који су узрок болести пацијента, психијатар или лекар постижу бржи успех у лечењу.

Пацијенткиња француског психијатра Шарла Ришеа је у хипнотичком сну отпевала цео чин из Мајербеове „Африканке", иако у свакодневном животу није знала да отпева ниједну ноту.

Лекар Левенфелд је посматрао како је жена зрелих година уз музику лако играла балске плесове научене у младости, мада у међувремену није играла пуних двадесет година.

Године 1893. психијатар Крафт Ебинг је хипнотисао 33-годишњу жену и повратио је у дане детињства. При том се жена потпуно преобразила у дете, па је променила и расуђивање, и глас, и рукопис, који је добио облике рукописа осмогодишњег детета. Овом експерименту присуствовала је и мајка средовечне жене, која је, изненађена преображењем своје ћерке, рекла да је заиста таква била у детињству.

Један руски аутор предлаже и опите с репродуктивним уметницима – професионалним музичарима. Убедити, рецимо, пијанисту да је Рахмањинов, при чему би се, свирајући, он јако приближно стилу и маниру свирања генијалог Рахмањинова. Наравно, то је далеко од помисли да једног дана можемо тако добијати Рахмањинове, али да су неограничене могућности људске психе и њених преображаја под хипнозом и уз помоћ хипнозе – то свакако стоји.

Постхипнотичка сугестија

Једна од најзанимљивијих појава у области хипнозе је феномен постхипнотичке сугестије. Ова је појава занимљива, не само као атракција на приредбама хипнотизера, него посебно са гледишта коришћења у сврхе психотерапије у медицини, односно у циљу објашњења појединих психичких појава у психологији.

Постхипнотичка сугестија или темпирана хипноза састоји се у томе што се сугестија дата за време хипнотичког сна изводи касније и то у будном стању. Др С. Ј. ван Пелт, некадашњи председник Британског друштва медицинских хипнотизера, тврдио је да се свака појава која се може постићи у току хипнотичког стања може обновити у будном стању као постхипнотичка сугестија и да ће, уколико не стоји у супротности са моралним принципима медијума, бити изведена са изванредном тачношћу.

Додајмо овде још нешто у вези са опасностима од хипнозе о којима смо говорили. Руски психијатар В. Левиј наводи случај који казује да је код извесних особа могуће индуковати и злочин под хипнозом. Пацијент немачког хипнолога Хауфмана је доведен у хипнотичко стање и примивши наређење, изашао из лекареве куће и необичним „дрвеним" ходом, са пиштољем у руци, упутио се улицом. Кад је приметио првог полицајца, појурио је према њему, уперио пиштољ и опалио. У пиштољу није било метка јер је то био само експеримент да би се утврдило како ће медијум реаговати ако му се нареди да убије. Забележен је такође случај да је хипнотисани изручио кофу са отровом у лице асистенту у којој је, наравно, била обична вода.Премда је субјекту сугерисано да је то отровна киселина, он је пљуснуо асистента тим „отровом"! Због свега овога издавање наредби за постхипнотичку сугестију је деликатна и врло одговорна ствар, пошто, како се види, медијуми обично тачно извршавају оно што им се каже. Забележен је један случај да је сугерисана радња изведена чак после 20 година!

При извршењу постхипнотичких сугестија, падају у очи два момента: временска тачност извршења постхипнотичких налога и тачно извршење самог налога, без обзира на временски период који је протекао од давања налога. Занимљиво је, што се тиче временске тачности извршења налога, да ће он бити извршен у тачно време и онда кад у близини нема никаквог помоћног средства које би помогло извршењу те радње. На пример, иако нема код себе часовник, медијум ће тачно у одређено време извршити оно што му је сугерисано.

Неки аутори тумаче да је извршење постхипнотичких налога у тачно одређено време могуће због тога што поседујемо неку врсту осећања времена, које је код различитих особа више или мање развијено и које делује углавном подсвесно. Полазећи од чињенице да већина људи може да се пробуди у одређено време ако на то мисли пре спавања, Ван Пелт каже да пре него што заспимо, свест пролази кроз један ступањ хипнозе у коме себи сугеришемо у колико сати треба да се пробудимо. Он даље наводи да нормалан пулс има 72 равномерна откуцаја у минуту, па он на известан начин служи као средство којим се контролише време, наравно, несвесно. Ово, чини се, објашњава на који начин медијум постиже да у постхипнотичкој сугестији извршава наређења тачно у одређено време.

Што се тиче врсте сугестије која се даје да се изврши после хипнозе, на приредбама се обично дају безазлене сугестије, да хипнотисани после буђења у одређено време сиђе, односно попне се поново на позорницу, или да купи одређене цигарете у задато време итд. У психотерапији, пак, дају се сугестије које ће учинити да се код пацијената отклони неки поремећај или симптом, односно да се уклони нека лоша навика (пушење, алкохолизам итд.), о чему ће касније бити посебно више речи.

Постхипнотичка сугестија је с гледишта психијатрије и психологије значајна и због тога што доказује постојање несвесног у човеку. Хипнотисани извршава неку радњу не знајући зашто то ради и чак даје и прихватљива објашњења својих поступака. Тако, студенткиња којој је сугерисано да у одређено време отвори прозор, пошто је тачно извршила налог, објашњава то загушљивошћу просторије и потребом за проветравањем, а студент који је унео кишобран у амфитеатар (по налогу професора док је био под хипнозом) објашњава да је то учинио зато што не жели да се увек покорава реду и традицијама и да буде конформиста.

Неки аутори, међутим, наводе да су и људи који извршавају или врше хипнотичку сугестију, у неком посебном стању, које није сан, али није ни потпуна свест.

Најзад, постхипнотичка сугестија показује и снагу несвесног у човеку. Тако се у литератури наводи случај америчког психолога који је дошао код својих колега који су радили с хипнозом и тражио да буде хипнотисан да би видео како то изгледа.Они су том приликом смислили и једну шалу, па му је под хипнозом речено да на одређени знак, после буђења, има да устане из фотеље и оде да седне на столицу која је, издвојена, стајала у углу. После буђења није се сећао о чему је било речи под хипнозом и настављен је невезани разговор све док није видео одређени знак. Тада се узврпољио у фотељи и убрзо рекао колегима како му је сад пала глупава идеја да треба да оде и седне на столицу у углу. „Вероватно сте ми то сугерирали под хипнозом да то морам да учиним на неки ваш знак.“ – погађао је он. „Е, нек будем проклет ако то учиним!“

Колеге су се правиле незаинтересоване и наставио се невезани разговор. Али, гост никако није могао да се смири. Напокон се дигао рекавши: „Не могу више да издржим“, и отишао је и сео на столицу док су му се пријатељи, наравно, слатко смејали.

Пример, очигледно, показује снагу тих несвесних подстицаја који долазе због постхипнотичке сугестије, јер им се није могао одупрети ни човек који је тачно погодио о чему се ради и зарекао се да то нипошто неће извршити. Но, ипак је то морао да учини, јер се друкчије није могао смирити. Може се онда замислити с каквим се жаром и упорношћу извршава оваква сугестија кад се не зна права истина одакле пориви потичу.

О свему овоме ће бити опширније и више речи у поглављу о примени хипнозе у медицини, односно у психотерапији, а овде се заиста мора још једном нагласити озбиљност читаве ствари и одговорност онога који човеку под хипнозом даје одређени задатак који овај мора да изврши.

УЧЕЊЕ У СНУ И ПОД ХИПНОЗОМ

Доба у коме живимо добија све убрзанији темпо. После радног времена једва стижемо да прелистамо новине, јер нас очекују послови код куће, посете пријатељима или одлазак у биоскоп. Све ређе читамо књиге, а ванредно студирање представља изузетно велики напор. Једино време које нам остаје сасвим слободно је док траје сан.

Управо – и тада се може учити. И то не са напором, који би изазвао ујутру већи замор него када смо легли.

Први експеримент у овом правцу извео је 1936. год. на Лењинградској клиници професор и доктор медицинских наука А. М. Свејдошч. Он је трима девојчицама док су спавале, читао неку занимљиву причу. Ујутру све три су испричале ту причу као свој сан.

Експеримент Свејдошча је први који је забележен. А постоје извесне тврдње да су још у старим будистичким храмовима калуђери ноћу шапутали уснулим ученицима текстове светих књига.

Иако му није био познат експеримент Свејдошча, Леонид Андрејевич Близниченко почео је истраживање на том пољу на широком плану. Он се 1940. године почео бавити у Кијеву теоријом хипнопедије*. Убрзо

---

* Хипнопедија – учење у сну

је основао специјалну учионицу – спаваоницу, у којој се учило само ноћу. Предавачи су могли преко дана да држе предавања, али је утврђивање знања вршено ноћу. Резултати су били изванредни. То најбоље илуструје случај 23. годишњег инжењера хемије Вадима Волошчина. Он је за 22 ноћи научио да говори енглески. После ноћног учења, ујутру се будио свеж и давао изјаве да је добро спавао и сањао обичне снове. Ујутру су му, међутим, енглеске речи навирале „ни из чега".

Течај учења код Близниченка, руководиоца лабораторије, експерименталне фонетике Института за језике Академије наука УССР траје месец дана. За једну ноћ научи се 40 речи.

Што је најзанимљивије, приликом учења у сну, уче успешно младићи и 50-годишњаци. Нема разлика у примању нове материје, што се обично догађа у „нормалним условима".

Близниченко верује да се његова метода може усавршити и то тако што ће његови „пацијенти" моћи за једну ноћ да науче чак 400 страних речи. А то значи да би за пет ноћи научили 2.000 речи, што је сасвиим довољно за споразумевање. Шта би то значило за контакте међу људима различитих народности, сасвим је лако претпоставити.

Поред богате примене у Русији, хипнопедија је прихваћена и у другим земљама света. Забележен је пример у Њујорку, где је један поштански службеник за десет ноћи научио распоред и називе 16.000 улица. Неке новине бележе да је оперски певач за једну ноћ научио оперску партитуру да би заменио болесног колегу, и то на њему непознатом италијанском језику, затим да кондуктери за неколико ноћи науче цео возни ред напамет.

Међу овим вестима, свакако има неистинитих, или бар таквих које преувеличавају успехе који су постигнути хипнопедијом. Али, у основи оне указују да је могуће применити хипнопедију у разним областима.

Пажњу светске јавности привукли су експерименти које је вршио италијански хипнотизер Марио Белини. Он је одабрао групу студената са Института Сан Винченцо у Бергаму и са њима вршио експерименте. Дао им је слушалице и они су слушали док им је говорио успављујућим шапатом: „Један, два, три, спавајте моји младићи... један, два три...“ Када су заспали, редовни наставници су преузимали микрофон и држали наставу.

После буђења, констатовано је да су студенти запамтили предавање а усто, што је најважније, да су га разумели. Значи, у сну нису само механички памтили, већ са разумевањем.

Италијански хипнотизер није присутан на свим сеансама „учења“ у сну. „Пацијенти“ сами користе његов глас снимљен на магнетофонској траци. Он их „пренесе“ у лаки хипнотички сан из кога се сами буде после неколико часова. Један од студената је имао на магнетофонској траци, поред гласа хипнотизера, и текст предавања. Сам је помоћу ових помагала код куће учио и успешно полагао испите.

Марио Белини је вршио и експерименте са учењем француских песама, па је доказао да деца у хипнотичком сну памте истом мером, без обзира да ли су слаби или одлични ученици.

Учењем под хипнозом доста су се бавили др Лозанов и др Шаранков у Институту за сугестопедију у Софији, где је сеансама присуствовао и аутор ове књиге.

У Русији се такође експериментисало са учењем у

сну, како пише В. Рајков, психијатар, али се то ради на тај начин што се у моменту кад почиње сан укључи магнетофон тако да лекције почињу у прелазном стању између будног стања и сна. Међутим, исти аутор подвлачи тешкоће овог метода, пошто сам човек не може да изведе то, јер или заспи или се расани укључујући магнетофон, тако да учење не успева. Због тога он препоручује као ефикасније учење под хипнозом.

У опитима које описује Рајков, група од петнаест људи је учила страни језик под хипнозом. Задатак је био да се упамти различит број страних речи – давао је од 40 до 120 речи за време једне сеансе. Процентуално се више памтило кад је давано мање речи. Тако, кад је давао 80 речи, просечно је било запамћено значење 70 речи, а од 120, субјекти су памтили 80 до 100. Међутим, успех за увежбавањем понављањем сеанси се побољшао и од 120 речи субјекти су успевали да запамте 110 до 115. Сем двојице, ниједан субјект ништа није знао из ученог језика, тако да су га слушали први пут тада под хипнозом. Аутор наводи да ће се у даљем прећи на памћење наизуст већих текстова, састављених од познатих речи, синтаксичких вежби и изговора.

Ученици у експерименту су непрестано били под медицинском контролом, па је код свих примећено осетно побољшање самопоуздања, добили су способност веће концентрације и побољшано им је памћење. Један инжењер је изјавио да је постао знатно мирнији, уравнотеженији и после неколико сеанси, повећала му се и способност за самостално учење страног језика. Пре учења под хипнозом, није могао да запамти више од десет речи дневно учећи будан; сада, после хипнотичких сеанси, памти и по 30—40 речи прочитавши их само два-три пута.

Занимљиво је запажање да су испитивани такође научили да утичу на своје расположење и здравље, умеју брзо да се релаксирају, опусте се и одморе своје тело кад то зажеле. Студенти који су били у испитиваној групи побољшали су успех у свим предметима и постали пажљивији на предавањима. На овај начин они су се још више заинтересовали за могућности хипнозе и хипнопедије, пошто се верује да су ови опити открили нове, досад непознате и неискоришћене путеве и методе учења.

Тако и ово поље хипнозе почиње све више да користи човеку и олакшава му учење, али свакако да могућности хипнозе и у овом домену никако још нису исцрпљене.

О неограниченим могућностима људске психе могли смо се уверити из следећег примера, не само учења – већ и писања под хипнозом. Наиме, марта месеца 1974 год. у Београду извршен је својеврстан експеримент. Ради потпуније слике објављујемо у целости чланак Р. Милосављева:

ПОЕЗИЈА ТРЕНУТКА:
СЛОБОДНИ ЗИДАРИ И ОПСЕНАРИ

Нови јавни наступ КЊИЖЕВНЕ РАДИОНИЦЕ 9 (после заједничке странице у прошлом броју овог листа), у Француској (улици), вероватно ће бити дуго памћен, углавном по једном из низа невезаних делова, осим кога се све могло без резерви уклопити у већ довољно познату сферу тзв. конкретне уметности. Чланови групе, наиме, називајући себе мајсторима – као и „слободни зидари", али без осталих хијерархиских титула, мада се Велики Архитекта може наслутити – означену врсту овог деловања (продукти су му, у складу са продукторима, „пројекти"), грађење уметничког у и из конкретнога, било оно у временској, било у просторној реалности, дајући том конкретном смислу уметничкога једино коришћењем уметничког медија, наравно, уз учешће свести у оној мери у којој она омогућује медију његово деловање. Корак даље, оно што је оставило најдубљи утисак на публику, било је – коришћење само свести као медија, препуштање свести самој да гради уметничко у конкретном, и то уз помоћ хипнозе.

Свест ка себи је искључена и усмерена једино ка предмету. При том су и функције свести ка предмету сужене уз помоћ спољног утицања; у овом случају тај су утицај одређивале ове компоненте: тема (љубав), конкретан објект (девојка Тамара), и врста израза, уметнички медиј у свести – међу (песма).

Можда сасвим у складу са основном тежњом групе, резултат и овог експеримента има више конкретан него уметнички значај. Вредност, или бар значење, тако створених „песама“ пре је психолошка, или још тачније, психоаналитичка, него књижевна. На основу текста, рукописа, цртежа (који се такође појављивао), могу се веома јасно пронаћи код појединих медија црте Едиповог или Мазоховог комплекса, инхибиторни фактори (све у вези са стриктно одређеном темом), итд.

Чини се да је ипак, или управо због тога (јер не показује најтипичнију реакцију), најзанимљивији резултат – лист Адама Пуслојића (чији је наступ – рећи ћемо мада помињање појединаца на овај начин вероватно не чини услугу групи – иначе био најдуховитији).

Оно што је присутно и у осталим документима о овом експерименту, у мањој или већој мери на овом је запису нарочито интензивно изражено: то је, наиме, отпор да се свести одузме димензија ка себи, јер и стваралачки чин тада постаје онемогућен, и своди израз на конкретан израз тзв. подсвести. Тај отпор је овде, сасвим видљиво, условио не само оно што је изражено, већ и облик израза. У првој варијанти изражен је само *појам* онога што је сугерисао, а затим и он – прецрта! У другој варијанти, записане су управо речи којима је сугестија каналисана: *Пишите о љубавној теми, напишите љубавну песму“*, и то у облику који изражава отпор управо онога дела свести који би морао бити искључен, да би се постигла задата сврха! Оно што затим ипак следи, опет је чиста садржина сугестије, ослобођена сваког односа, који је, на крају, заједно са свим осталим – поново прецртана. И сам рукопис (упореди на клишираним потписима у свесном и хипнотичком стању) показује, при писању напор да се не *йише,* рукопис је сведен на готово *школске црūе.*

Занимљиво је, у том смислу, упоређење са обрнутим примером: код Миодрага Јанковића рукопис је готово неизмењен, отпора је мање, што се тим очигледније запажа готово бесконачним варирањем једном те истог односа (буба – врат), или са делимичним отпором, у односу на задату тему, код Предрага Чудића (једини директан исказ о љубави, осим наслова који о њој говори безлично, или бар нејасно – алегорично, у тексту је недовршен и прецртан).

У тексту Воје Донића овај се отпор показује углавном у панављању недовршене реченице или речи која

Књижевници радионице 9 – непосредно после експеримента

сама означује једино однос без онога на шта се односи, а донекле и у директном исказу (последњи делови текста). Такав се израз може наћи и код Јанковића, и код Србе Игњатовића, чији текст, међутим, показује и једну необичну димензију: јасно изражену метричку основу стиха, која је понегде сасвим близу риме!

У експерименту је учествовао и Ибрахим Хаџић, али је његов лист остао празан, јер, према његовим речима, привучена извесним споредним ефектима, његова свест није прошла потребну (бар за овај опит) границу.

Можда ће нам, на пример, 7. април и КЊИЖЕВНА РАДИОНИЦА 9, приредити још неку прилику да будемо конкретно принуђени на размишљање о тајнама свести и стваралаштва.

ХИПНОЗА У МЕДИЦИНИ

И поред отпора, хипноза је добила значајно место у медицини и то као помоћно средство лечења. Она се у многим земљама примењује у зубарским ординацијама, приликом хируршких захвата, за време порођаја, као и у лечењу неких неуротичних поремећаја и психосоматских обољења. Она је прави психички морфијум када се због срчаних обољења или неких алергија не сме употребити никакав анестетик.

Моћ хипнозе у медицини не треба прецењивати, али се она не сме ни потцењивати. При овоме се мора имати у виду чињеница да ни сугестија, ни хипноза нису неко уинверзално средство за лечење свих врста обољења, него да се њима могу лечити само одређена обољења. Такође је могуће утицати и на неке поремећаје у сфери психофизичких сметњи, као што су муцавост одвикавање од лоших навика, отклањање лакших девијација у сексуалном животу и тако даље.

Данас је хипноза у медицини прихваћена у Русији, Бугарској, Великој Британији, Немачкој и САД, где је уведена и као факултативни предмет на универзитетима.

ПСИХИЧКИ МОРФИЈУМ

Примена хипнозе у медицини датира из давнина. То илуструју и речи Хипократа: „Болести од којих пати тело, душа види сасвим добро затвореним очима". Али, њена масовна примена на старом континенту почела је тек 1774. године, с бечким лекаром Франц Антон Месмером, по коме је читава појава и оваква метода лечења добила и назив „месмеризам"*. Вал „месмеризам" проширио је на Енглеску др Џон Елиотсон, тако да су око 1843. године основане „месmeристичке" болнице у Лондону Даблину, Единбургу и другим местима. Млади шкотски лекар Џемс Есдеил пренео је „месмеризам" у Индију, где је у Калкути постигао изванредне резултате у око 300 већих операција, смањивши смртност од 50 на свега 5 процената. То је успео тиме што је хипнозом смањио дужину шока код пацијената.

За хипнозу се заинтересовао и бечки лекар Сигмунд Фројд, па се са њом упознао у Француској. Пошто му није полазило за руком да сваког пацијента хипнотише, он је одустао од хипнозе и посветио се психоанализи.

---

* У вези са овим, неки аутори и деле историјат хипнозе на три раздобља: први, религиозно-мистички, до Месмера, други донаучни медицински, од Месмера до Брејда и трећи научни медицински, од Брејда до данас.

Све дубље увлачење хипнозе у медицину, која је помогла да се изврши 1829. године чувена операција на тумору дојке једне жене у Француској, а затим још неколико познатих операција на дебелом цреву и приликом ампутације ноге, прекинуло је усавршавање анестетика. Они су помогли да пацијент и не осети јак бол за време операције, а хипноза је све више падала у сенку.

За време последњег рата, на ратиштима је поново потражена спасоносна моћ хипнотизера. Лекари нису увек имали при руци анестетике и морали су да прибегавају хипнотисању рањеника. Такви случајеви забележени су, на пример, приликом опсаде Сингапура.

У првим послератним годинама, неки лекари покушавају да поново уведу хипнозу у својим болницама. Године 1946. амерички хирург Колман извршио је операцију на желуцу, а 1953. године Енглез Овер Форд операцију слепог црева. Свакако, било је још хируршких захвата под хипнозом, али је већина њих остала без публицитета, пошто сами хирурзи нису желели да јавност сазна за њихове експерименте, јер би на себе могли навући бес званичних лекарских друштава.

Прва операција под хипнозом снимљена је на целулоидној филмској траци 1959. године у Енглеској. Пацијенткиња је била 25-годишња Марион Петерс, наставница плеса. Код ње су, после операције слепог црева, настале израслине које је требало одстранити хируршким захватом. Пацијенткиња је хипнотисана и за све време док је трајала операција сугерисано јој је да се налази на летовању. Тако болове уопште није ни осећала.

Седам година пре ове операције, крајем 1952. године, у Енглеској је повећана хајка против хипнотизера.

Британско медицинско друштво оштро је напало најпопуларнијег хипнотизера на острву, Питера Кесона, настојећи да га прикаже као шарлатана. Питер се обратио суду и – добио спор. После тога, формирана је специјална комисија која је свестрано изучила могућности и стечена искуства из примене хипнозе у медицини. Она је предложила да се у многим случајевима радије употребљава хипноза него анестетици. После тога, Британско медицинско друштво је дало предлог да се хипноза изучава на факултетима. Тиме су признали свој погрешан однос према хипнози, и дали јој место које и заслужује.

На светском Конгресу хипнозе и психосоматске медицине, одржаном у Паризу 1965. године, референти су изнели многе случајеве успешног сугерисања алкохоличарима одвратности према алкохолу (посебно група професора из Сао Паола). Пошто сугестија временом слаби, кроз дан-два или за недељу дана, она се мора понављати, јер се иначе непотпуно излечени пацијент враћа својој наркоманији. Било је речи и о лечењу гојазности хипнозом, као и астме, екцема и др. (углавном, дакле, болести психогеног порекла).

За медицину је драгоцено поменути коришћење хипнозе као психичког морфијума: она се некад користила кад су сва друга средства била немоћна. Тако је амерички лекар др Ериксон описао случај пацијенткиње, старије жене, која је боловала од рака костију. Била је непокретна у постељи, имала је неописиве болове и сваког је тренутка могло доћи до ломљења костију. Радиолог је сматрао да тако може у највећим мукама живети још два месеца. Ериксон ју је хипнотисао и захтевао да мишићима заштити и обавије своје кости. Већ после прве сеансе, болесница је успела да се дигне и полако пређе собу, док су се болови смањивали. Касније су болови сасвим ишчезли и болесница се вратила кући. Умрла је после шест месеци у пуном спокојству и миру спасивши се најстрашнијих мука.

Познати су, такође, случајеви коришћења хипнозе у исте сврхе приликом тежих, компликованих операција, у случајевима кад се из здравствених разлога не смеју користити уобичајена средства анестезије. Приликом једне операције штитне жлезде, пацијенткиња је хипнозом солидно припремљена и „анестезирана", тако да не само није осећа никакав бол, него ни крв скоро да није текла, а после операције јој је сугерисано да јој ништа неће сметати при гутању, да неће кашљати, нити повраћати, што се све тако и одиграло. Хипноза се, дакле, показује као најбољи лек против болова у ситуацијама кад друга средства не долазе у обзир. Поменути професор Чарлс Матер истиче да се хипноза употребљава у хирургији за анестезију, као и за заустављање крварења и убрзавање лечења. Успешно се употребљава за лечење деце оболеле од хемофилије, за умањење болова код рака, за лечење артритиса, астме, мигрене, високог крвног притиска, депресије и лоших навика.

Примена хипнозе у медицини можда је најраспрострањенија у стоматологији. У Енглеској постоји велики број зубних лекара који безболно ваде зубе под хипнозом, а у Италији је отворена специјална школа зубне хипнозе у Павији. Као факултативни предмет, хипноза се изучува и на неким стоматолошким факултетима у Француској.

Код нас имамо појединачних покушаја да се хипноза примени код вађења зуба. Још увек су велики отпори у лекарским друштвима да се прихвати хипноза, мада је недвосмислено показано да је боље њу применити код особа које имају срчана обољења или су алергична него – анестетик. Један од тих покушаја је и онај који је 1964. у болници у Ловрану учинио аутор ове књиге са зубним лекаром Феликсом Пухаром на пацијенту, Сулејману Зунђељају. Безболно вађање зуба је потпуно успело. У најновије време је писац ових редова успешно примењивао хипнозу у Скопљу за анестезију приликом лакших хируршких захвата, а у плану је даља сарадња с хирурзима и шира примена хипнозе као средства анестезије и у случајевима озбиљнијих хируршких захвата.

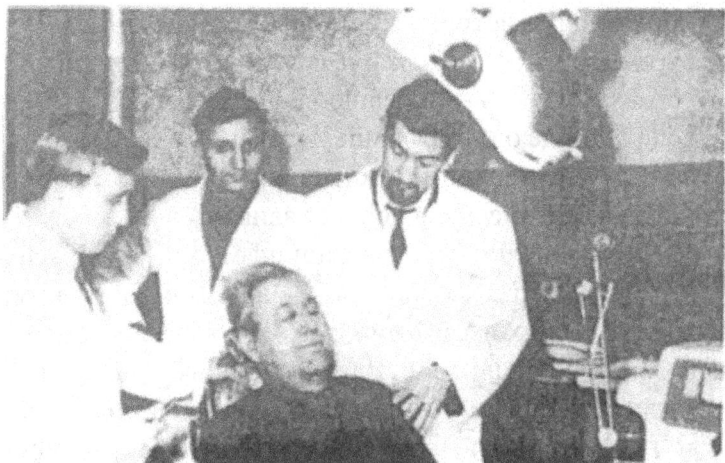

Стоматолози Митић, Тошић и психолог Тодоровић за време интервенције приликом вађења зуба пацијенту под хипнозом

БЕЗБОЛНИ ПОРОЂАЈ

„И рађаћеш децу у болу свом“ рече Бог и превари
се. Јер данас заиста жене рађају децу и без бола свог.
Сан сваке жене је да се безболно породи. Такорећи од
малих ногу, код женске деце се усађује страх од порађа-
ња, тако да за време порађаја доживљавају јаче болове
него што су у ствари.

Хипноза лишава жене страха од порођаја и поро-
ђајних болова, тако да донесу на свет ново биће, а да
тога нису ни свесне. У Енглеској је веома популарно
рађање под хипнозом и има веома широку примену. У
Италији је позната клиника Бианке у месту Лимбиату,
15 километара од Милана, где се врше безболни поро-
ђаји, под руководством др Ђампиера Москонија. Он се
не користи широко примењеном методом психопрофи-
лаксе, којом се, у ствари, жене припремају физички и
психички да што безболније доживе порођај. Порођаји
под његовом контролом се обављају док се жена налази
у хипнотичком сну, те и не осећа никакве болове.

Али, и у Москонијевом начину и лечењу постоје
припреме. Он пре порођаја с трудницама које се налазе
у осмом месецу трудноће одржава око дванаест сеанси.
Истина, овим сеансама није увек присутан, јер има ве-
лики број пацијенткиња, али болничарке асистирају пу-

штајући пред трудницама магнетофонску траку на којој је снимљен глас лекара.

У нашој земљи је 1922. године др Срећко Шиловић у сарадњи са професором загребачког универзитета Рамиром Бујасом постигао веома добре успехе са безболним порођајима. Данас се у појединим медицинским установама у Скопљу, Загребу и Крању хипноза рутински примењује код породиља ради безболних порођаја.

Постоји веровање да жена мора да доживи бол приликом порођаја да би се касније осећала као мајка и да би своје дете волела. Такође, неки сматрају да деца рођена под хипнозом не могу да буду сасвим нормална и да ће кад-тад осетити тешку трауму, као последицу утицаја хипнотизера на њихову мајку.

Овом облашћу, то јест терапеутском улогом хипнозе за безболни порођај, позабавила су се три истакнута психијатра: Милтон Абрамсон, Вилијам Херон и Џорџ Њуболд. Они одбацују веровање да жена мора да доживи бол за време порођаја и наводе да код примитивних народа породиље скоро и не осећају болове, јер код њих није усађен страх према томе чину.

Три психијатра наводе своја искуства у вези са безболним порођајем. Они су прихватили пацијенткиње труднице од два до осам месеци трудноће. За неке су биле довољне и две сеансе да се припреме за безболни порођај.

Сеансе су трајале по пола сата. При том се настојало да се постигне што дубљи хипнотички сан. У тестовима су коришћени разни методи: кателепсија, анестезија, халуцинација и амнезије. При том се код свих пацијенткиња није могло изазвати дубоко сомнамбулистичко стање.

На сеансама највише се инсистирало да труднице буду што опуштеније, односно, да падну у што дубље стање релаксације. То је гаранција успеха безболног порођаја. Абрамсон, Херон и Њуболд наводе: „Нема никакве сумње да се код извесних пацијенткиња могу постићи управо спектакуларни резултати и за време порођаја. Ипак, било би неопрезно гајити претеран оптимизам у овом погледу и тврдити да хипноза може да доведе до наведених резултата код сваке жене. Способност подвргавања хипнотичком трансу варира од случаја до случаја и укључује и многе личне факторе, како пацијенткиње, тако и медицинског хипнотизера. Отприлике, само око 20% одраслих особа може да падне у најдубљи хипнотички транс. У таквим случајевима постигнути су фасцинантни успеси са безболним порођајима“. Али, додају тројица психијатара, и кад се не постигне најбољи хипнотички транс, хипноза може умногоме да олакша порођај и ублажи бол, као и да отклони тешкоће које прате порођај.

С. Ј. Ван Пелт наводи да се труднице уз помоћ хипнозе могу обучити да постигну аутохипнозу за време порођаја, односно да саме себе доведу у стање које ће им омогућити безболни порођај.

У литератури се доста говори о психофизичкој припреми труднице за порођај и уз добру припрему, порођај и без хипнозе може да прође лако и безболно. Тако, Луј Далмас, у својој занимљивој књизи „Тајне модерне медицине“, наводи како Зајдман описује ту технику која се примењује у совјетским породилиштима: „Припрему изводе један лекар-акушер и један неуро-терапеут који жени објашњавају разне фазе порођаја, инсистирајући на чињеници да је то потпуно природан и безболан акт,

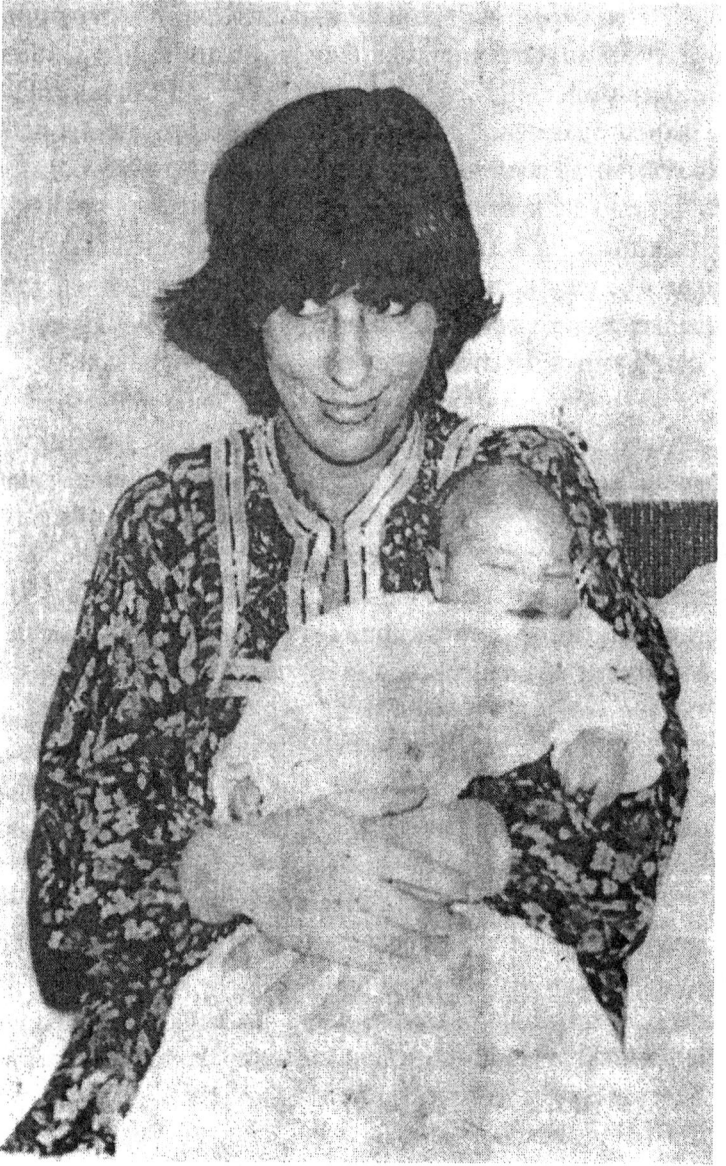

Сан сваке жене је да се што безболније породи

да су њене стрепње и страховања потпуно неосновани... Пажљивим испитивањима они успевају да докуче порекло њених страховања, које је најчешће психичке или менталне природе... најчешће последица разговора са другим трудницама. По тврђењу Вењекија, ради се о правој психичкој трауми, насталој услед разговора или читања описа порођајних болова... Током последњих недеља које претходе порођају, жене присуствују разговорима које воде лекар-акушер и психо-терапеут, и то свака три до четири дана.

Жена се на тај начин упозна са оном врстом сензација која ће осетити током порођаја. Она научи како треба да дише и изводи покрете који ће јој олакшати порођај.

Ова женска активност, њена усмерена пажња и делимична сугестија, фактори су који доприносе да порођај буде безболнији. „Свакако, велику улогу игра и лекарски персонал, као и помоћно особље које добија специјалну обуку...

Ова психолошка метода примењује се у Русији од марта 1950. У Москви, Харкову, Лењинграду обављено је више од 7.000 безболних порођаја.

Поврх свега, она је потпуно безопасна како за мајку тако и за дете. Још ниједном нису примећене неке компликације. Постигнути резултати показују: у 85% до 90% случајева потпуну аналгезију, у 10% до 12% случајева задовољавајуће резултате, а у 2% до 3% неуспех...“

На конгресу психотерапеута одржаном на Бледу 1983. године вођена је занимљива полемика на релацији матерински инстинкт-бол.

Једни нису презали од тврдње да код жене анестезија, односно хипноза слаби матерински инстинкт. Међутим, постоји и мишљење, да су многе мајке „омрзле“ своју децу која су им приликом рађања нанела одвише бола.

Мислим да одговор треба тражити у специфично-стима структуре личности породиља.

Остаје нам да закључимо: хипноза је, односно пси-хофизичка припрема трудница, одлично психотерапе-утско средство које, без већих напора, може научити и примењивати сваки гинеколог. Ове методе ће сваким даном бити усавршаване, а хиљаде жена бити ослобо-ђене страха и напетости.

ХИПНОЗА И ПСИХОСОМАТИКА

У данашње време, врло су распрострањене психосоматске болести, тј. болести које могу бити и психогеног узрока, као што су чир у стомаку, астма, повишени крвни притисак итд. Те болести се и лече хипнозом како на Истоку, тако и на Западу. У књизи „Хипноза на клиници унутрашњих болести", совјетски истраживач П. И. Буљ описује како су у Лењинграду спровели 15-годишње истраживање у лечењу ових болести на око 600 болесника од психосоматских обољења.

Своје пацијенте лечили су најпре индивидуално: хипнотисали су их познатим начинима и давали одговарајуће сугестије, саобразно обољењу које је било у питању. Затим су прелазили на колективну, групну терапију: болеснике су груписали по собама, према обољењима, замрачили просторију и пустили метроном ради успављивања, после чега би им лекар радио-телефоном или телевизијом давао сугестије. Затим су, посебно чираши, прелазили у сан и спавали би и по 12 до 14 часова. Болеснике су делили на две једнаке групе – једна је лечена само хипнотерапијом, друга и хипнотерапијом и уобичајеним медикаментима, саобразно обољењу о којем је реч.

Тако су ЧИР У СТОМАКУ лечили код сто болесника и постигли следеће резултате (излечење је потврђивано и снимцима на рентгену – нестајало је уобичајене чирашке нише): потпуно је излечено 63 болесника, 30 лечених само хипнозом и 33 лечених и хипнозом и медикаментима. Знатно побољшање је било у 29 болесника (нестали су болови, повраћање, затвор и вратили су се на посао), док је у осам, остало исто стање (то су, у ствари, били они које је било немогуће хипнотисати услед слабе хипнотибилности).

Аутор истиче да је успех зависио од дубине хипнотичког сна, да се показала потпуна могућност утицања сугестијом чак и на облик и положај желуца.

ЛЕЧЕЊЕ АСТМЕ обављено је сличном методом, Они који пате од бронхијалне астме знају да напади обично долазе после неких емоционалних потреса. Гнев, страх, увреда, самољубиве, незадовољене страсти, напоран рад, све то може довести до астматичног напада. Британски лекар Бернштајн, из Ливерпула, известио је на Међународном конгресу о алергији – да је путем хипнозе успео без медикамената да излечи два болесника од тешких астматичних напада.

На Лењинградском институту лечено је 200 астматичара (128 жена и 72 мушкарца), старости од 10 до 60 година. За половину (50%) утврђено је да је психички фактор био одлучујући код добијања првог наступа астме. Хипнотерапији су подвргнути пошто ни уобичајени лекови, ни физиотерапеутске методе нису деловале. У групи од сто болесника примењивана је само хипнотерапија, док је друга половина подвргнута комплексној терапији (и хипноза и лекови). Сугестије које су им даване односиле су се на подизање уверености болесника у његову снагу, повећање бодрости и побољшање расположења. Говорено им је како се више не узбуђују, како им увреде, љутње и огорчења неће више утицати на дисање итд.

Резултати су били: укупно излечених 84 (праћени су по отпуштању са клинике пола до три године и нису им се напади враћали); у 56 болесника се стање побољшало, напади су постали ређи и слабији, а у 60 (30%) није било никаквог ефекта. Међутим, од ових 60, у 45 се није могао постићи дубок хипнотички сан, а у 15 се то само понекад успевало. Колико је астма психогена, показује и занимљив податак: сугестијом под хипнозом увек се могао у болесника изазвати астматични напад, док је код здравих људи или болесника друге врсте немогуће тако изазвати астматични напад.

У описаном експерименту лечено је 160 хипертоничара (60 мушкараца и 100 жена, од 20 до 60 година, од 20 до 30 година чак 60 болесника, што показује колико је повишени крвни притисак све чешћи и у млађих људи). Боловали су од хипертоније.

Пола је лечено на клиници, пола амбулантно. Такође, у половине је примењивана само хипнотерапија, а у половине и хипнотерапија и лекови. Сеансе су трајале 30 до 40 минута, најпре индивидуално, а потом колективно. Цео курс лечења је трајао 30 до 40 сеанси. Оваквим пацијентима, после стварања доброг расположења, посебно се у сугестијама инсистирало на заборављању тешких личних доживљаја који су и довели до хипертоније.

Резултати су овде били: од 160 болесниика, 93 су оздравили и добили нормалан крвни притисак за дуже време праћења; у 30 је стање побољшано, нестало вртоглавице и притисак се спустио близу нормалног; сви су се вратили на посао. Али у 37 није било никаквог успеха (или се нису могли хипнотисати, или су били недовољно дисциплиновани). Међу излеченима је опет било нешто више оних који су лечени комплексном терапијом.

ОД СТЕНОКАРДИЈЕ је лечено истим методама 30 болесника, од којих је у 25 утврђено да су обољењу претходили тежи психички доживљаји, велика емоционална напетост, седећи рад и занемаривање спорта и пешачења, што је све и познато као чест узрочник срчаних обољења. Успех у лечењу је потврдио психогено порекло и овог обољења: 20 су оздравили за дуже праћени период, у пет је дошло до побољшања (нестали су болни напади или је сасвим ишчезао познати страх од смрти, вратио се сан итд.).

Примера ради, вреди да цитирамо сугестију која је давана код овог обољења:

„Са сваким даном, са сваком сеансом, примећиваћете да ваше срце ради све ритмичније, све правилније... Нестају болови и непријатна осећања око срца! Нестаје страх за стање ваше срчане делатности. Ви престајете да обраћате пажњу на рад свог срца. Не слушате како вам срце ради. Нећете више мерити свој пулс. Никаква физичка оптерећења, никаква узбуђења, неће негативно утицати на рад вашег срца. Ваше је срце здраво, крепко, јако! Оздрављате... Поправљате се!“

Да додамо да су на сличан начин од НАПАДА ЖУЧИ излечени 15, од 20 лечених, а од ове петорице на које терапија није деловала, тројица нису могла бити хипнотисана.

Професор Буљ истиче да не треба ипак претеривати, те сматрати хипнозу универзалним леком за све врсте психогених обољења. Такође указује да је свуда нешто бољи резултат постигнут лечењем комбинованом терапијом – и хипнозом и већ познатим медикаметозним средствима за дотично обољење.

Овај масовни експеримент показује како, у ствари, и сами можемо да утичемо на своје здравље одређеним начином живота и спречимо да се појаве оваква психосоматска обољења.

ПСИХОТЕРАПИЈА ХИПНОЗОМ

На поменутом конгресу у Паризу, амерички лекар др Ериксон такође је изнео занимљиве случајеве психотерапије хипнозом (психотерапија је лечење психичких поремећаја и обољења психогеног порекла без употребе лекова, без икаквих медикамената, тј. психолошким методама, у које спадају психоанализе, сугестија, хипноза, саветовање, психо-драма итд.). Једна је његова пацијенткиња после саобраћајне несреће изгубила моћ говора. Ериксон је обећао да ће је излечити ако буде слушала његове савете, а њеном мужу је скренуо пажњу да ће је подврћи свакодневној духовној тортури којом ће сломити отпоре и непремостиву баријеру ћутања насталу после саобраћајне несреће.

Тако, на пример, померио би казаљку на свом сату па би је изгрдио што је закаснила на ручак и вратио натраг у собу гладну! Или: дао би јој за доручак пресну роткву с чашом воде, убеђујући је да је то свежа земичка с миришљавим џемом и терао је да то поједе. После две недеље, сва избезумљена од гнева, жена је једног дана опсовала! То су биле њене прве речи, после којих је, најзад, успостављен контакт и захваљујући хипнотичком третману, терапија је убрзана и кроз шест месеци је пацијенткиња отпуштена пошто је поново научила да говори.

Још су интересантнији случајеви успешне психотерапије путем регресије пацијента на ранији узраст и сећања на потиснуте и заборављене догађаје који су оставили трауму и створили комплексе, касније доживљаване као страхове, фобије и др. што су покушавали још Фројд и Бројер у Бечу.

Случај Енглескиње г-ђе Смит, о чему пише Ајзенк, указује на могућности оваквог коришћења хипнотичког сна. Била је то удата жена, 42 године стара, интелигентна и начитана. Годинама се гушила у астматичним нападима, имала безразложне страхове (фобије) од болнице, ножа и маљавих руку. Пошто је у трансу регредирала на далеки ранији узраст, доживела је један потпуно заборављени догађај с неуобичајеном јасноћом: чинило јој се да лежи на неком столу под јаким светлом, поред ње је стајао човек држећи мали нож, док се неки нејасан објекат надвио преко главе и спустио на лице. Престрашена, покушавала је да се дигне, али су је увек поново две маљаве руке грубо притискале и враћале назад на сто. Наставила је да се бори, но увек ју је неко наново насилно положио на сто да се најзад она прилика одозго спусти преко лица и пригуши је.

На основу података добијених од родбине пацијенткиње, сазнало се да је још као дете од 16 месеци имала тешку операцију главе с компликацијама. Две болничарке су причале њеној мајци како је анестетичар био јако груб према детету, тако да су оне морале да протестују што га тако мучи. Дете је одмах после операције постало узнемирено, добивши такође и праве астматичне нападе гушења. Интересантно је, међутим, да су као резултат оваквог „абреаговања" – како се то у психоанализи каже кроз транс г-ђи Смит потпуно престали астматички напади, а нестало је и фобија од болнице, ножа и маљавих руку, па се лепо могла вратити свом нормалном послу (социјалног радника).

Међутим, на поменутом конгресу у Паризу, посебно је упозорено да хипноза остаје само као једно од могућих оружја у богатом арсеналу психотерапије и да се у ове сврхе њоме смеју да служе само обучени експерти. Иначе, хипноза у рукама шарлатана може постати опасно оружје, с кобним последицама. Један дискутант је изнео да је код 230 болесника он са својим сарадницима морао да исправља нежељене последице погрешног хипнотичког третмана, при чему је неправилно и неуко примењена хипноза тројицу несрећника одвела чак у самоубиство.

Хипнотичка регресија у прошле животе

Један од најнеортодокснијих начина примене хипнозе у терапији је тзв. хипнотичка регресија у раније животе или „реинкарнацијска терапија". Суштина ове технике је слична доброј регресији у којој се субјект враћа у раније периоде живота до најранијег детињства, па чак и до пренаталног периода у потрази за трауматским догађајем који је узрок садашњих физичких обољења или поремећаја у понашању. Као „продужетак" овог метода у хипнотичкој регресији пацијент се враћа још даље у прошлост, у један или неколико претходних живота у којима лежи корен проблема. Мада није сасвим утврђено ко је први употребио хипнотичку регресију, познато је да су још пре 1890. спиритуалисти из школе Алена Кардека покушавали да уз помоћ хипнозе врате субјекте у раније животе, али је ову праксу дефинитивно установио A. de Rochas у књизи "Les vies successives". (Узастопни животи) 1911. године. Поред тога што је своје субјекте регресирао у прошле животе, de Rochas их је такође хипнотски прогресирао у будуће животе. Нажалост ова књига је врло ретка, па још нема случајева да је неко од читалаца препознао сопствени живот који је тамо унапред описан. Модерна и распрострањена употреба хипнозе у регресији у претходне животе датира из 1956. године, са публикацијом књиге Morey Bernsteina „The Search for Brideu Murphy", иако Бернстеинови експерименти нису имали за циљ терапију већ покушај да испроба своју способност да продре у сећања на живот пре рођења. Берстеин је био бизнисмен који се хипнозом бавио аматерски, а данас постоји значајан број истакнутих клиничких терапеута, пре свега у САД, Енглеској и Немачкој, који са великим успехом користе хипнотичку регресију у раније животе, тамо где ниједна од конвенционалних терапеутских техника није била од помоћи. Најпознатији терапеути прошлим животима су др Јоел Кеатон (кога често називају „доктор за изгубљене случајеве"), др Alexandar Cannon, др Edith Fiore, др Helen Wambach, др Bruce Goldberg, др Karl Schlotterbeck, и многи други. Ниједан од набројаних терапеута не тврди догматски да изванредно драматски догађаји који се поново проживљавају у враћању у раније животе доказују постојање реинкарнације, нити да је пацијент живео тај живот, већ само да је неко некад живео и умро и да пацијенти можда упадају у нечије туђе мисаоне облике. Међутим, као што тврди др Edith Fiore „Ако се нечија фобија уклони тренутно и перманентно сећањем на један догађај из прошлости, онда логично звучи да се тај догађај и десио". Списак болести и психосоматских поремећаја који су излечени хипнотичком регресијом је готово безграничан: алергије, мигрене, астма, несаница, рак, гојазност, ирационални страхови, абдоминални болови, депресија, ментална обољења, итд.

ХИПНОТЕРАПИЈА ПСИХИЧКИХ ПОРЕМЕЋАЈА

Хипноза се, наравно, може користити и за лечење психичких и неуротичких поремећаја и то на врло различите начине. Познато је, рецимо, како је Сигмунд Фројд користио хипнозу: враћао је хипнотисаног болесника у ранија доба и истраживао конфликтне ситуације које би могле бити узрок поремећаја. Болесник би под хипнозом причао свега чега би се сетио (а сетио би се свега што је у свесном стању потиснуо у подсвест), а онда би после дехипнотисања терао болесника да се сети свега што је причао под хипнозом. Но, било зато што се свако није могао хипнотисати, било што ефекти излечења нису били трајни, Фројд је напустио ову методу и прешао на слободне асоцијације и инсистирање да се оболели сети свега у будном стању (познато причање „свега што ти падне на памет" лежећи на чувеном Фројдовом каучу).

Данас се, међутим, хипноза различито користи за сврхе откривања узрока, као и за давање одговарајућих терапијских сугестија.

„НИСАМ ПРАВИ МУШКАРАЦ"

Навешћемо случај излечења поремећаја применом хипнозе на разноврсне начине и коришћењем разноврсних техника. Случај је узет из књиге „Лечење хипнозом", у којој су дванаест америчких и британских психолога и психијатара износили своја искуства.

Реч је о пацијенту К. за чије је излечење примењено неколико хипнотичких техника. Имао је 30 година, леп посао и деловао као нормалан и допадљив човек. Иако је желео породицу и децу, плашио се да ступи у брак. „Плашим се" – вели – „да сам хомосексуалац. Никада нисам имао полне односе с мушкарцима. Али, још од колеца сам осећао жељу да милујем мушкарца. Никада то нисам урадио, али сам често желео. Мислим да са мном нешто није у реду. Можете ли ми помоћи?"

„Када сте први пут осетили ту жељу?"

„Док сам ишао у колец, волео сам да играм бејзбол и ушао сам у први тим школе. Онда сам осетио ту жељу према другим младићима из тима. Не само према њима, већ и према другима."

„Јесте ли икада разговарали с неким о томе?"

„Не, нити сам икад спровео у дело ту своју жељу. Али одувек сам осећао потребу да тако нешто учиним. И данас то понекад желим. Наравно, сада избегавам људе и осамљен сам. Плашим се да постанем сувише присан с неким мушкарцем јер бих можда учинио нешто погрешно."

„А како стоји ствар за женама?"

„Страхујем од веза с њима. Волео бих да се оженим и да имам породицу, али мислим да не могу постати добар супруг ако нешто са мном није у реду."

У току идућих сеанси, К. је испричао да потиче из сиромашне породице, да је понекад у основној школи чак падао у несвест од глади. Другови су га задиркивали и називали „слабићем" и „маминим мазом". Бунио се против тих увреда и све више усамљивао чезнући у исти мах за њиховим пријатељством. Резултат тога био је неки зачарани круг сталне зебње, немоћи и спречености. Што се више одвајао од другова, више су га задиркивали, а он је осећао све јаче пријатељство које је прижељкивао. Тако је било и у колеџу.

„Хипнотисао сам га" – пише даље психотерапеут – „и сугерисао му да ће између ове и следеће сеансе сањати оно што ће му помоћи да се сети како су и када започели ти његови хомосексуални импулси. На идућој сеанси К. је испричао да је сањао како је био на излету у околини града, заједно с дечацима из суседства. Понели су ужину и остали целог дана. Дечаци нису хтели да се играју с њим јер је „слабић". То је све чега се сећа".

„Сећате ли се имена неких од тих дечака?"

„Сећам се једног. Звао се Џонатан."

„Јесте ли сањали још нешто о Џонатану?"

„Не, ништа друго. Али се сећам инцидента који се догодио пре тог излета с Џонатаном. Дечаци су играли безбол и ја сам хтео да им се придружим када је један крупан дечак рекао: „Одлази, нама нису потребне мамине мазе" и ја сам се осећао повређеним и само сам сео и посматрао их. Онда ми је тај дечак Џонатан пришао и рекао неколико љубазних речи, после чега сам се осећао много боље. Та утеха, сећам се, много ми је значила."

„Јесте ли се спријатељили с Џонатаном?"

„Претпостављам да све то њему није много значило, вероватно уопште није дубље размишљао о томе. Али после тога ја сам у њему видео пријатеља. У сваком случају, знао сам да ме он неће задиркивати, за разлику од других дечака. Било ми је увек драго да га видим премда ми он није поклањао никакву пажњу."

После тога – наставља психотерапеут – применио сам две нове технике хипнозе. Једна се зове „гледање у кристал", а друга је позната као „аутоматско писање". Поново сам пацијента К. довео у хипнотички транс и рекао му: „Кад пуцнем прстима, ви ћете отворити очи, али ћете и даље спавати. Гледаћете у ову кристалну куглу и гледати слику која ће вас подсетити на то какву је улогу Јонатан играо у вашем сну, а онда ћете ми то испричати.

Кад је пацијент отворио очи и погледао у кристалну куглу, рекао је:

„Видим Џонатана и још једног дечака. Они леже на трави, милују један другог и смеју се."

„Да ли се то заиста догодило?"

„Јесте. Сада се сећам. То се догодило на оном излету. Видео сам их и то ми се смучило, тако да сам окренуо главу и удаљио се."

„Шта вам заправо значи миловање између мушкараца?"

„Не знам."

„Узмите ову оловку у десну руку" – каже му психотерапеут. „Ја држим нотес у који ћете писати. Када кажем „пишите", ваша рука ће почети нешто да исписује у овај нотес и то ће објаснити зашто желите да милујете мушкарце. А сада пишите док ја држим нотес."

Он је нажврљао реч „Пријатељство". Рекао сам му:

„Кад се пробудите, сећаћете се свега што се догодило док сте спавали. Сада, кад одбројим до десет, ви ћете се пробудити.“

У даљем разговору, повезивана је садашњост с тим доживљајем из прошлости који је био потиснут, а у свест долазио као жеља за пријатељством с мушкарцима. Пошто је увидео дубоке корене његове жеље, она је и нестала. „Све ми то изгледа сада глупо“ прокоментарисао је на крају пацијент К.

Овде видимо како је хипноза омогућила брзо истраживање подвести техником оживљавања сећања, довођења пацијента у стање сна, „гледање у кристал“ и „аутоматско писање“ – што су све само нека од психолошких оруђа чију је примену омогућила хипноза. Постоји ту још враћање у раније доба, оживљавање снова, упражњавање симптома боли, а посебно постхипнотичка сугестија представља моћан психолошки изум. Она може помоћи у отклањању разних врста тегоба, укључујући ту несаницу, кошмарне снове, различите врсте страха и фобија, тешку главобољу, нервозне навике као што су грицкање ноктију, претерано пушење, неумереност у јелу и пићу, функционални поремећаји говора и разни други лични дефекти: плачљивост, стидљивост, зловоља, неспретност и томе слично.

Тако се сугестија помећу хипнозе свестрано користи како за лечење органских, пре свега психосоматских обољења, тако и за отклањање различитих психичких поремећаја.

Хипнозом против карцинома

Емоционалном и менталном стању пацијента, односно болесника оболелих од рака, може се прићи на сасвим нов начин – хипнозом и психотерапијом. Ово је изјавио на једном од интернационалних конгреса психотерапије др Хауард Милер тврдећи да је применом хипнозе постигао изненађујуће резултате. Он је, наиме, лечио две пацијенткиње које су боловале од рака дојке. Једна је имала (бенигни) тумор који је нестао за време терапије, док се код друге (малигни) смањио на једну четвртину.

Шта се, у ствари, десило? Познато је да се мисао рађа и настаје у можданој кори. Када се стимулише сама протоплазма, онда долази и до стварања електричих набоја који се пружају дуж надражене ћелије или ткива. До стварања ових набоја у протоплазми ћелије може доћи и већ самим актом мишљења. Због тога, мисао сама по себи, може бити стимуланс за стварање енергије и за њено кретање дуж нерава до одређеног ткива, чиме се показује да мисао представља извор енергије. Сувише велика, прекомерна стимулација ткива преко нервног или хормоналног система може да доведе до биохемијске или структуралне дезорганизације, па чак и до крајњег изумирања ткива, уколико се не би омогућило довољно времена за опоравак. Због тога страх, неспокојство или забринутост, била акутна или хронична, може бити моћан "разбијач" организације ћелије. Забринутост и страх треба схватити и као физичко и као ментално стање. Блокирање прекомерне стимулације важно је постићи на свим сегментима између мождане коре и крајњих надражајних ћелија, чиме се штите органи у људском телу. А, да би се постигло блокирање, увијек су се препоручивале одговарајуће хемикалије, односно лек. Међутим, за то блокирање, др Милер предлаже хипнозу, односно психотерапију.

Хипноза је веома ефикасна метода за мењање процеса мишљења. Хипнотерапија, и то директним и постхипнотичким сугестијама, нарочито је ефикасна у ублажавању прекомерних реакција организма на било коју врсту стимуланса, па се као таква препоручује у терапији, превентиви и лечењу органских болести.

Двема женама, од којих је једна боловала од астме а друга од чира на дванаестопалачном цреву, дата је сугестија да своје снаге за емоционалну и физичку релаксацију што више подстакну и појачају. Обе жене су боловале и од тумора дојке (поменуте на почетку текста). Она која је боловала од астме имала је малигни тумор (утврђено путем биопсије), док је друга имала бенигни тумор. Обе жене су, својевремено, одбиле да се подвргну хируршком захвату.

Док су се жене лечиле од астме, односно од чира на дванаестопалачном цреву, њихови тумори су под дејством хипнозе и постхипнотичких сугестија почели знатно да се смањују. Бенигни тумор је сасвим нестао, док се малигни смањио на мање од четвртину у односу на почетну величину. Женама је у току третмана стално под хипнозом сугерисано да што више мирују, одмарају се и да покажу што више поверења у начин лечења. Велики напори су, опет, помоћу хипнотске сугестије, учињени да се жене што више ослободе страха који их је опседао.

Начин лечења помоћу хипнозе извођен је два пута месечно првих шест месеци, а касније једном месечно. Годину и по дана послије лечења жене су поново детаљно прегледане и њихово стање се нимало није погоршало.

Међутим, по нашем мишљењу у питању је био ментални трансфер, односно сугестија, а не биоенергија.

На крају ћемо навести случај који показује до којег степена су могући преображаји личности и излечења под хипнозом постхипнотичком сугестијом, односно сугестијом. Болесник је после изненадног напада болова у пределу желуца за неколико дана изгубио седам килограма телесне тежине, осећао одвратност према храни, а после детаљних прегледа, анализа и снимања специјалиста – лекара из Скопља – коначна дијагноза је гласила „инфилтрација малигних ћелија у пределу мамале кривине. У описаној регији одсутна је перисталтика, зид желуца је ригидан...“ што у преводу значи – РАК. Дијагноза је проверена у неколико врхунских медицинских установа у Скопљу и Београду, уз њу, као основа, било је и – шест рендгенских снимака на којима су се јасно очитавали већи „кратери“. Врхунски београдски акупунктуролози – детекцијом одговарајућих акупунктурних тачака дијагностиковали су „поремећаје у желуцу“. Познати југословенски радиестезисти и биоенергетичари – „ДЕФЕКТ У СТОМАКУ“, а хирурзи – држећи снимке у рукама били су једногласни:

„Мора се под хитно извршити двотрећинска ресекција желуца, односно операција“.

Пацијент* је одбио хируршку интервенцију. Повукао се ћутке у своју викендицу иза брда „Водно“ код Скопља и за више од месец дана, уз помоћ АУТОСУГЕСТИЈЕ, односно ХИПНОЗЕ и МАКРОБИОТИЧКЕ ИСХРАНЕ и КОЗЈЕГ МЛЕКА – вратио спокојство, добио апетит, надокнадио изгубљене килограме и ево послије скоро три деценије – износи ове редове које ви читате, уз препоруку: САДА и ОВДЕ – Верујте лекарима, не сумњајте у алтернативце, али у СЕБЕ И СВОЈУ ДУХОВНУ МОЋ имајте највише поверења, а то вам налаже старинска логика која се зове ЗДРАВ РАЗУМ!

Ипак, изнетим случајевима немамо намеру да примену хипнозе и постхипнотичке сугестије прогласимо као универзални лек за све болести, већ као могућност и покушај бољег разумевања њихове употребе, помоћи и примене као терапеутског средства.

---

* Пацијент је аутор ове књиге

ДРОГЕ И ХИПНОЗА

Као што се дроге не могу користити за откривање и извлачење истине из човека и као „детектори лажи", јер ако човек жели нешто да сакрије, он то увек може и да оствари; исто тако се дроге тешко могу ефикасно употребити у вези са хипнозом.

Успех сваке хипнотизерске технике зависи од успостављене везе између хипнотизера и медијума[*], од међусобног поверења, а ако се појаве тешкоће у хипнотисању, побољшање ће се добити само прилагођавањем методе хипнотисања и њеном изменом, а никако неким вештачким средствима која би помогла повећању сугестибилности. Такво мишљење има и познати амерички лекар др Вилијамс Крогер, који је хипнозу користио у медицинске и друге сврхе и о томе написао обимну књигу „Клиничка и експериментална хипноза".

Међутим, многи лекари који користе хипнозу у сврхе терапије покушали су да помоћу разних лекова и дрога у одређеним дозама повећају сугестивност пацијената и тиме омогуће његово лакше хипнотисање. Ови покушаји нису донели много успеха. Ипак, искусни лекари који користе и хипнозу износе да, рецимо, мепробаматски препарати и други транкилизери доводе

---

[*] Особа подложна хипнози

132

до извесне релаксације, али, додају они, није познато у којој мери то помаже бржем и дубљем хипнотисању медијума. Не постоји ниједна студија која би имала контролну групу, на основу које би се могло видети да ли би пацијенти којима је дата или убризгана извесна количина дроге, односно лека, транкилизера и без тога били лако хипнотисани.

Чини нам се, међутим, прихватљивим мишљење да, с обзиром да узимање дроге доводи до стања релаксације, које је битан предуслов за довођење медијума у стање које је најподесније за прихватање сугестија, тј. стање хипнозе – да се, дакле, може закључити да утицај дроге у припреми личности за хипнозу није незнатан. Ако пођемо од сазнања да је хипноза, у ствари, максимална концентрација пажње на одређени садржај, односно одређену сугестију, морамо знати да многе особе (нервно лабилне, уплашене, узбуђене, раздражљиве и сл.) представљају неподесне субјекте за хипнозу, те би их због тога на посебан начин требало припремити. Релаксирајући такве особе уз помоћ дроге, припремићемо их и учинити подеснијим за пријем сугестија.

Овакво мишљење заступа и познати немачки хипнотерапеут др Тони Гашлер. Он је експериментисао са особама које се врло тешко хипнотишу и постигао завидан успех. Експерименте је изводио на групи пацијената у Јужној Америци, а као средства релаксирања користио је следеће медикаменте: amytal sodium, pentothal sodium и sonmifen.

У Скопској болници – Бардовци, нарко хипнозу успешно примењује др Јордан Јовев, као помоћно средство у лечењу фобија, импотенције и говорних мана. Такође, овом методом успешно је лечио наркомане, док др Лазар Божић у Новом Саду и др Ђаковић у Загребу користе нарко хипнозу код анализе несвесних садржаја и лечења лакших неуроза.

Поред тога што, релаксирајући субјект, олакшавају хипнозу, дроге исто тако могу скратити време припреме медијума за извршење задатка. Да би, наиме, хипнотизер могао да доведе личност до оног степена хипнозе када може да изда наређење које ће медијум слепо извршити, потребно му је више сеанси припрема. Уколико је, пак, то наређење у раскораку са карактером и етичким нормама медијума, време које се утроши на сеансе може се скратити узимањем дрога. Неки сматрају, нпр. да је Менсон, инспиратор и учесник у убиству америчке глумице Сарон Тејт и њених пријатеља, управо помоћу дроге довео у стање хипнозе и у том стању навео на злочин хипике из свог „племена“. Пре него што су потпали под његов утицај, ти млади људи били су – према изјавама њихових родитеља и познаника – нормалне особе, које су се придржавале општеприхваћених етичких норми друштва.

Одвикавање од алкохола и лоших навика

Ако је, рецимо, за безболни порођај неопходан дубоки хипнотички сан, па према томе и одабране особе које могу да дођу у то стање, за лечење неких неуротских и сличних поремећаја и отклањања мана постоји могућност шире примене, пошто се при том постиже само стање лаке хипнозе. А овој лакој хипнози подложно је око 95% људи, такорећи сви.

Због својих штетних последица, како по јединку тако и по друштво, алкохолизам је одувек представљао друштвени проблем. Лечење обично подразумева третман у некој медицинској установи, где за време лечења пацијент нема прилике да дође до алкохола. Такво лечење крије у себи извесне опасности, тако да су забележени и смртни случајеви неких наизглед здравих особа које су примале антабус.

Лечење у медицинским стационарима има и ту негативну страну што се алкохоличар осећа на неки начин жигосаним, као неко ко је неопозиво протеран из заједнице у којој је дотле живео, што може негативно да делује на сам ток лечења.

Но, треба, међутим, истаћи да коришћење хипнозе може довести до тежих психичких поремећаја, а забележени су случајеви да су неодговорни хипнотизери давали на позорници погодним медијумима неозбиљне хипнотичке сугестије које су могле имати негативне последице.

Ако погледамо праве алкохоличаре, мали је број оних који стварно воле алкохол. Он је обично постао њихова потреба и навика због посебне осетљивости на услове живота и неке своје личне проблеме. Пошто су алкохоличари обично осетљиви и сугестибилни, они представљају и погодне пацијенте за лечење помоћу сугестије. Неоспорно је доказана чињеница да хипноза, ако је правилно употребљена, може да излечи и случајеве најтежег алкохолизма. Наравно, у лечењу алкохолизма хипнозом неће бити довољно применити према пацијенту само уобичајену технику сугестије, коју примењују хипнотизери на позорници и аматери у смислу „Од сада више нећете моћи да пијете“. „Од пића ће вас спопасти мука“ итд. Лечење мора обухватити не само одвикавање од алкохола, него учење пацијента томе како да се трезвено суочи са својим личним и животним проблемима, како реално да гледа на живот, те да не дође до повратка болести и свакодневног одавања алкохолу. Ако се паметно и систематски, по одређеном плану, обави лечење хипнозом, оно може трајати и релативно кратко, а постиже се у средњем, али и у лаком стадијуму хипнозе, у који се може довести практично скоро свако лице.

Најчешће се у једној уводној сеанси поразговара с пацијентом и продискутује о његовом случају и животној ситуацији уопште, при чему се објасни и сама суштина лечења.

Што се, пак, тиче самих сугестија које се дају, оне, као и у другим случајевима, морају више апеловати на машту, имагинацију човекову, него на саму вољу. Тако, на пример, не треба давати сугестије попут „Ви нећете више да пијете, ви не желите да пијете..." и томе слично, него, рецимо, овако: „ ... Ви сте сада дубоко релаксирани. Слушајте све моје сугестије и оне ће се нераздвојно утиснути у ваш мозак. Ако заиста мислите да прекинете с пићем, мислите на најодвратнији укус који сте икада осећали. При помисли да пијете ракију, у вама ће се јавити нагон за повраћањем, који потиче од покварених јаја... Ви сте почели да осећате тај одвратни укус. Од сада сваки пут када узмете да пијете, осећаћете тај гадан и одвратан мирис и укус... тај страшни укус осећаћете стално следећих недеља и месеци... Мислите на оно најстрашније што сте осетили – покварена јаја, је ли тако? Ето, то ће вас читаво време пратити чим узмете да пијете, покварена јаја, тај одвратни гадан укус. То исто морате себи стално говорити, педесет или сто пута под аутосугестијом, сугеришући то сами себи.

Вратите се сада на ону суботу увече, кад сте претерали с пићем, сетите се тог страшног осећања који сте имали у стомаку кад сте морали повраћати. Те ужасне главобоље и ошамућености и свега непријатног што сте доживели. Мислите само на то како ће вам бити одвратно да пијете и сваки пут кад узмете да пијете сетићете се тог ужасног стања, тог одвратног укуса и мириса који вас је сатима мучио!"

И тако даље.

Одвикавање од алкохола путем хипнозе има ту предност да се пацијент не осећа жигосаним и издвојеним од света како се осећа приликом лечења на клиникама. Уз то, пацијент може све време да живи својим нормалним животом и да се бави својим занимањем које редовно обавља. Али је један услов битан: мора стварно желети да се лечи, желети да се одрекне од алкохола, па ће и успех лечења бити сигуран.

Сасвим на сличан начин, са сличним сугестијама су усмерене на машту и имагинацију, представе и човекове мисли, а не на вољу, врши се и одвикавање од дувана. Пацијент ће под утицајем давно одређених сугестија увек приликом пушења одмах осећати неки најужаснији укус, осећаће се у некој одвратној ситуацији која му је сликовито сугерисана и желеће што пре да се свега тога спасе, то јест, да престане да пуши.

Ево примера једне просте вербализације за постхипнотичку сугестију која се показала успешном код многих пушача:

„... Сваки пут чим помислите да запалите цигарету повежите пријатну арому и укус цигарете с најстрашнијим и најодвратнијим мирисом који сте икада осетили...“

Постоји и други начин, а то је да се уз помоћ аутосугестије смањује број цигарета на пола, односно да се пуши све мањи и мањи број до потпуног престанка пушења.

На крају овог одељка, морам поново да нагласим да лечење путем хипнозе не може бити увек спасоносно и да је некад чак врло опасно (не сме се хипнотисати неко ко је у јаком узбуђењу, или под јаком депресијом, нити многи психички болесници). Поред поменутих коришћења хипнозе (као психички морфијум, при операцијама, порођају, вађењу зуба и сл. хипнозом се могу лечити и нека лакша неуротична обољења, рецимо, конверзионе неурозе које су се манифестовале локализовано на неки део тела, као и стомачна обољења, главобоља и др. У сваком случају, то мора да ради медицински стручно лице – лекар, који је уз то простудирао и хипнозу, или пак лекар уз помоћ професионално оспособљеног хипнотизера, као што је и било случајева и у нашој земљи (и са аутором ове књиге) и у другим земљама у свету, о чему је овде раније било више речи.

КАТАЛЕПСИЈА

Најдубљи стадијум хипнозе чине сомнамбулизам и каталепсија. Док је сомнамбулизам стање у коме је продубљен хипнотички сан, тако да хипнотизер може у потпуности да управља особом, каталепсија је такво стање у коме се и физиоиошки мења организам хипнотисаног. У каталепсији, најдубљем хипнотичком сну, медијум је у стању да на себи издржи тежину преко 100 килограма. При каталепсији наступа укоченост читавог тела, тако да таква особа не одаје утисак живог човека. Такво стање постиже се такозваним магнетским потезима преко појединих делова тела, уз одговарајућу сугестију, чиме долази до кочења. Треба водити рачуна да особа са којом се изводи каталепсија буде потпуно физички здрава да не би због измењене функције организма дошло до евентуалндх тешких последица.

Ма колико изгледало да је експеримент са каталепсијом компликован, њега може успешно извести сваки добар хипнотизер уколико има погодног медијума. Особа за каталепсију се одабира тако што се претходно са њом изведе неколико лакших експеримената да би се видело да ли је лако подложна хипнози.

Ако јесте, онда јој се каже да састави ноге, а затим да ће јој тело, док хипнотизер буде избројао до три или

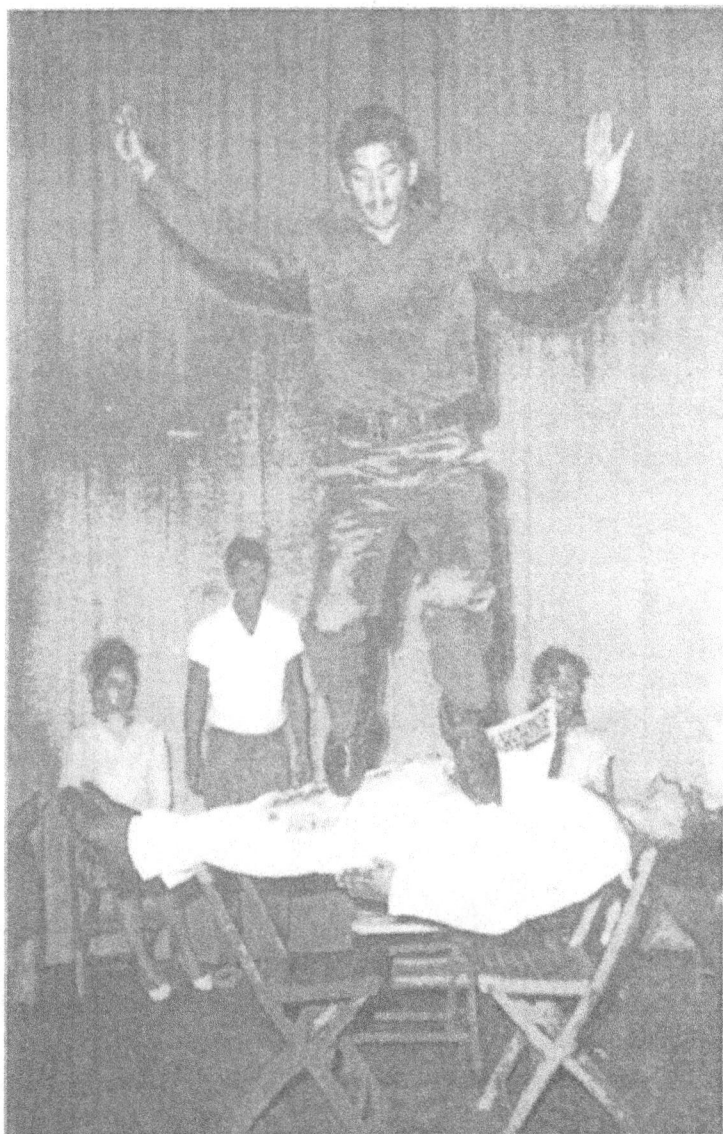

У каталепсији најдубљем хипнотичком сну, медијум је у стању да на себи издржи тежину преко сто килограма

пет, бити укочено. Притом хипнотизер повлачи руком магнетске потезе по особи од главе на доле говорећи:

„Ви сте сада потпуно укочени, али и поред тога осећате се сасвим добро. Остаћете у том положају све док ја не кажем да ваше тело не буде поново нормално“. При каталепсији треба поново посебно пазити да медијум не падне и озледи се јер се и то може догодити.

Субјект се постепено доводи у нормално стање речима: „Ваше ноге се олабављају, такође и руке и тело... Ваши мишићи нису више укочени, ви слободно покрећете врат, главу, ви сте сасвим нормални, свака укоченост је нестала и ви се осећате добро. Ви се будите“.

АУТОКАТАЛЕПСИЈА

Као што је каталепсија најдубљи стадиј хипнозе, у који се медијум доводи најчешће преко сомнамбулизма, тако је и аутокаталепсија најдубљи стадиј аутохипнозе. Њу могу изводити само увежбани и искусни хипнотизери. Премда сам у својој пракси успео да истренирам извођење ове најтеже тачке једног хипнотизера, биће ми тешко да је детаљно опишем, па ћу се задржати на неким основним принципима. Управо, даћу неке опште напомене у вези са настајањем аутокаталепсије, као и неке личне методе у раду с њом.

Треба пре свега имати у виду да ако човек нешто самом себи сугерише интензивно и јако, то може бити јаче него кад му то ма ко други сугерише. Типичан пример за то су поменути заљубљени: ако је у машти створио одређену представу особе у коју је заљубљен, ретко ће он слушати шта му други саветују, макар то било логичније и аргументованије од његове представе вољене особе.

При извођењу аутокаталепсије, посебно се морају обезбедити оптимални услови безбедности. Човек се мора увежбати у давању сугестије самом себи како ради довођења у стање аутохипнозе, тако и за време аутохипнозе, а посебно у вези са начином њеног престанка.

Временско ограничење трајања аутохипнозе, односно аутокаталепсије мора се унапред тачно одредити.

И ја сам у свом раду имао у виду да су имагинативни процеси, машта, уобразиља јачи од вољних јер се лако замене за стварност. Тако, ако желим да изазовем топлину у десној руци, лакше себе доведем до тог стања ако уобразим како држим десну руку у топлој води, него ако само мислим на то у смислу „моја је рука топла".

Најбољи, пак, ток постизања сугерисања јесте кад се прогресивно иде од мањих ка већим групама мишића, рецимо, од очних капака, преко екстремитета – руку, ногу, на читаво тело. Ако релаксација не успева на неком делу тела, мора се посебно вежбати концентрација на тај део тела са идеомоторним одговорима. И опет све

Хипнотизер Слободан Ћирковић Роко, контролише време док његов колега Моша Тодоровић аутосугестијом доводи себе у стање каталепсије

зависи од јачине маште. Ако треба учинити да је рука тешка, мора се присетити и уобразити то како се рука осећа ако се на њој дуже лежи и тако даље.

У својој пракси ја, међутим, идем одоздо навише, тј. прво изазивам релаксацију па инхибицију ногу, сугеришући себи потпуно кочење ногу, затим идем навише на руке, које држим поред тела, па на читаво тело, тако да до врата осећам укоченост. Тада себи само понављам сугеришући: „За три минута ја ћу се пробудити... за три минута ја ћу се пробудити“ ... после чега прелазим на сугестије кочења врата и главе.

Дакле, све се одиграва слично хипнотисању, само што ја сам себи дајем сугестије, бројим до пет, односно до десет, трудећи се непрестано да сликовито замишљам оно што ја себи сугеришем и што треба да постигнем.

Тако, пошто фиксирам очи у неку тачку изнад нивоа очију, онда почињем себи да бројим полако од један до десет. Концентришем пажњу на капке и између бројева говорим себи понављајући да су ми капци постали јако, јако тешки и да су ми очи веома, веома уморне. Поново и поново говорим: „Моји капци постају тако тешки. Осећам да ми се очи затварају. Моји капци постају све тежи и тежи. Осећам како ми капци постају тако тешки и што они тежи постају, утолико дубљу релаксацију осећам, утолико сам способнији да следим своје сугестије које себи дајем. Сада су ми капци постали веома тешки. Осећам да ми је тако пријатно и да јако желим да затворим моје очи“. Затим настављам даље себи да сугеришем:

„Моји су капци сада постали тако тешки да сумњам да их могу отворити. Они су све дебљи, дебљи и почи-

Моша Тодоровић у стању аутокаталепсије
(самохипнозе)

њем да осећам фино, мирно, благо релаксирано осећање које струји кроз ноге и даље кроз тело. То је исто осећање утрнулости као кад ми зубар да ињекцију прокаина, то је исто осећање као кад летим и спавам на руци, то је исто осећање кад седим дуго прекрштених ногу. Од стопала навише струје ми трнци и преко ногу па даље све више постајем као дрво".

Кад сам постигао степен релаксације читавог тела, прелазим на сугестије за кочење – инхибиције читавог тела понављајући себи како ми се ноге коче, како постају као дрвене, како ми се руке коче и постају као дрвене, како ми се стомак, груди, читаво тело све до врата кочи и постаје као дрвено, што током сугерисања почињем тако и да осећам пошто сам читаво време ипак свестан свега што се догађа и могу себе да опажам у потпуности. И најзад, долазим до поменутог сугерисања буђења које временски темпирам на три, пет или десет минута, после чега прелазим на сугестије за кочење врата и главе.

Наравно, ову тачку може да изводи само искусан хипнотизер, сигуран у себе и своје методе рада, који је пре свега сигуран да му се неће ништа десити и да ће се сигурно пробудити у време које је себи сугерисао.

ЗА И ПРОТИВ

Бављење хипнозом код одушевљених присталица може развити комплекс Месије – свеопштег спасиоца. Такви на хипнозу гледају као на свемоћну појаву која се може свуда користити. Којом се може све излечити итд. Но и поред све критичности, остају неки домени у којима хипноза може бити од користи. Тако:

У НАСТАВИ: многи чувени професори психопатологије (пр., Шарко, Зане, наш Вујић и др.) користили су се хипнозом да пред студентима покажу патолошке промене као што су амнезија (заборављање, брисање материјала из сећања), халуцинација, хиперстезија (појачана чулна осетљивост), анестезија итд. Хипноза се може користити и у оквиру течајева опште психологије. Она развија код студената интересовање за психологију и открива психолошке вредности сугестије, подсвесне мотивације и др.

У НАУЧНОЈ ИСТРАЖИВАЧКОЈ ПРАКСИ: за откривање како свесне, тако и несвесне активности, рада психичких механизама, снаге подсвести, за тумачење снова, откривање стваралачких способности, њихових блокада и кочница, откривање скривених мотива итд.

У ПРАКСИ ЛЕЧЕЊА: у случајевима када треба одстранити болове – анестезија (општа чулна неосетљивост), аналгезија (неосетљивост за бол) приликом операција, вађења зуба, крајника, приликом порођаја итд. Затим, у лечењу психичких и органских поремећаја, као помоћна метода уз коришћење осталих уобичајених медикамената, као хипнотерапија, опет уз остале психотерапеутске методе; извесна органска и психоматска обољења као: астма, реуматизам, главобоља, неуралгија, чир у стомаку, тикови, кожна обољења, пушење, алкохолизам, наркоманије, хипохондрије, фобије итд. У свим овим случајевима било је помоћи и од хипнозе.

Па ипак, хипноза и данас има пуно противника, односно оних који потцењују њене ефекте и негирају користи од ње. Тако, у САД има пуно универзитета где се хипноза изучава и практикује у оквиру посебних наставних течајева, као и за лечење, али има и оних који не допуштају ни да им се приближи с хипнозом и њеним експериментима. Наравно, нису ни они без аргумената, па ћемо и ми навести неке од њих.

Тако, Мајкл Бланкфорт, с Принстон универзитета, у збирци „Модерна хипноза", скреће пажњу да не знамо само суштину феномена хипнозе и свако је одређује по своме, тако да има безброј дефиниција хипнозе, од аутора до аутора. Кад се послужимо сугестијом за те сврхе, онда једну непознаницу објашњавамо другом пошто не знамо ни шта је у суштини сугестија, који су њени механизми, па за њу, такође, сваки аутор има своју дефиницију. Исто тако, сваки аутор на свој начин одређује стадијуме хипнозе, а немамо ни чврстог мерила, критеријума којим бисмо мерили и тачније одредили поједине стадијуме хипнотичког транса. Велики је проблем и у томе што никад не знамо у ком је степену хипноза хетерогена, а у ком – аутохипноза, је ли једно или друго и колико је једно, а колико друго. Такође, да

ли је транс нешто спонтано или је вештачки изазван су-
гестијом (и чијом сугестијом)? Исто тако, не могу се
утврдити разлике између хипнотичке и намерне воље
каталепсије. Ту је, најзад, и питање злоупотребе хип-
нозе у неморалне сврхе и за криминалне акте, о којој се
такође има различито мишљење и различити су експе-
риментални резултати.

У сваком случају, сам феномен хипнозе остаје и
даље област најширих изучавања, па и наша сазнања
о њему никако нису коначна, ни исцрпљена. Напротив,
предстоје свакако многа занимљива и значајна истра-
живања и задовољавајућа открића за која је човек данас
способнији него икад досад у историји.

БИБЛИОГРАФИЈА

1) Бајић Баја, *Психологија и медицина*, Скопје, 1934.

2) Bujas Ramiro, *Psihologija sugestije i hipnoze*. „Naše zdravlje" br. 9, Zagreb, 1964.

3) Chertok Leon, *Hipnoza*, Zagreb, 1974.

4) Eysenck H J., *Sence and Nonsense in Psychology (Smisao i besmisao psihologije)*, Penguin books, 1964.

5) Далмас Луј, *Тајна модерне медицине*, Београд, 1964.

6) Филиповић Велимир, *Парапсихологија у пракси*, Београд, 1984.

7) Филиповић Велимир, Тодоровић Момчило, *Мала енциклопедија парапсихологије*, Београд, 1974.

8) Jones Charles, *Hypnose an Mensch uind Tier,* Lindau.

9. Jončev Vasil, *Lečebna hipnoza*, Plovdiv, 1960.

10) Којић Тихомир, *Хипноза – Теорија и пракса*, Београд, 1984.

11) Kroger S. Wiliam, *Clinical and Experimenital Hypnosis*, Philadelphia, Montreal, 1963.

12) Kuhn Lesley, Russo S., *Moderm Hypnosis*, Hollyvood, 1974.

13) Lindemanii Hanes, *Autogeni trening*, Zagreb, 1979.

14) Marchesi Karlo, *Tajne čovečije duše*, Zagreb, 1944.

15) Нетов Иван, Сан, исновидениа и сноподобни сстојанија, Софија, 1969.

16) Ван Пелт С. Ј., Хипнотизам, „Мед. књига", Београд, 1962.

17) Van Pelt S. J., *Hypnotism and the Power within*, London, 1964.

18) Van Pelt, S. J., *Secrets of Hypnotism*, London, 1958.

19) Pextrie Sidney, *Whot Modern Hypnotism can Do for You* (Шта модерна хипноза може да учини за вас) Hawtorn Books, USA, 1972.

20) Рот Никола, *Психологија личности*, Београд, 1966.

21) Славински Ж. М., *Кратка енциклопедија парапсихологије и херметизма*. Београд, 1974.

22) Славински Ж. М., *Психички тренинг индијских факира и јогија*, Београд, 1972.

33) Стојковић Срба, *Психијатрија с медицинском психологијом*, Нови Сад, 1962.

24) Tepperwein Kurt, *Visoka škola hipnoze*, Zagreb, 1979.

25) Тодоровић Момчило, *Тајне људске душе*, Београд, 1973.

26) Вољперт И. Е., *Сновиденија в обичном сне и гипнозе*, Лењинград, 1966.

САДРЖАЈ

Момчило Моша Тодоровић
ХИПНОЗА ЗА СВАКОГА

Уредник
Јово Миладић

Ликовно решење корица
Слободан Тасић

Графички уредник
Слободан Тасић

Лектор
Маша Филипповић

Издавач
Издавачко предузеће *ПРОСВЕТА a.g.*
Београд, Чика Љубина 1

За издавача
Драган Мининчић

Штампа
ХЕРОЕС
Сокобања

2008.

ISBN 978-86-07-01845-1

ПЛАСМАН:
Тел. 26 29 843; 26 38 951; 26 25 174

prosveta@prosveta.co.yu
www.prosveta.co.yu

CIP - Каталогизација у публикацији
Народна библиотека Србије, Београд

159.962
615.851.2

ТОДОРОВИЋ, Момчило
   Hipnoza za svakoga / Momčilo - Moša Todorović. - Beograd :
Prosveta, 2008 (Sokobanja : Heroes). - 157 str. : ilustr. ; 21 cm

Tiraž 300. - Napomene uz tekst. -Bibliografija: str. 153-154.

ISBN 978-86-07-01845-1

a) Хипноза
COBISS.SR-ID 152097548